하루 10분 준비된 엄마 우리 아이 똑똑하게 만든다

엄마 습관
아이 미래가 결정된다

하루 10분 준비된 엄마 우리 아이 똑똑하게 만든다

엄마 습관
아이 미래가 결정된다

김민아 지음

레몬북스
lemon books

하루 10분 준비된 엄마 우리 아이 똑똑하게 만든다
엄마 습관 아이 미래가 결정된다

모든 아이들의 거울인 엄마, 엄마의 습관이 중요한 이유

어느 날, 아이와 나란히 길을 걷다가 아이의 눈빛을 바라보았다. 순간 흠칫하고 놀라게 된 것은 내가 바라보기 전 아이는 이미 나의 눈빛에 고정을 하며 걸음걸이를 맞추고 있던 것이다. 서너 살 무렵 아이의 손을 잡고 순간순간 눈빛을 주고받으며 얘기가 오갔던 기억들이 새삼 스쳐 지나갔다.

따뜻한 햇살 아래 이 세상의 모든 것을 탐색하며 걷는 아이에게 그 순간이 인생의 최고의 순간임을 행동으로 보여주었던 것을 이제는 아이가 내게 보여주고 있다.

그 누구보다도 똑똑하고 예의바르게 자라기를, 남들이 말하는 착하고 매력 넘치는 아이로 자라기를 의도적으로 가르친 교육이 아니라 마음에서 우러나는 사랑과 배려 하나로 아이를 키우다 보면 아이는 어느새 기대한 것 이상으로 자라고 있음을 느끼게 된다.

엄마인 내 아이들로 태어나 내 말투 하나, 내 눈빛 하나, 그리고 또 다른 내 꿈을 찾아가는 공부를 하는 모습에서 아이들은 자존감과 자신의 꿈을 찾는 듯하다. 그래서 엄마는 모든 아이들의 긍정적인 거울이 되어야 하는 것이다.

아이를 낳고 처음으로 엄마가 되어가는 과정에서 방황하고 깨닫고 반성하며 그렇게 10여 년이 흘렀다. 시행착오도 많고 아이의 몸과 마음의 성장을 정성으로 돕고 나니 아이들보다는 내가 더 많이 성장했음을 깨닫게 되었다.

나 역시 아이를 키우는 현재진행형에 있지만 나를 따라오고 있는 많은 엄마들이 이 책을 통해 덜 아프고 덜 방황하며 자신의 육아관으로 아이들을 키웠으면 하는 바람으로 심혈을 기울여 원고를 써내려갔다.

이 세상의 모든 엄마는 공통점이 있지 않은가! 누구보다 자신의 아이들을 사랑하고 자신보다 멋진 인생을 살기 바라며 원하는 꿈을 찾아 행복해지기를 바라는 것. 그리고 한 가지 더 있다면 아이들이 자랐을 때 엄마인 자신도 더욱 성장한 모습으로 아이 옆에 나란히 서는 것이다. 그것이 엄마도 아이도 모두가 이기는 진정한 육아라 생각한다.

이 글을 읽는 이 세상의 모든 엄마들을 진심으로 응원한다.

이만큼 성장해서 내 아이들을 사랑으로 보살피게 해주신 하늘에 계신 나의 아빠, 별처럼 눈부신, 먼저 떠난 동생 현진이에게 사랑과 그리움 그리고 고마움을 전한다.

언제나 든든한 버팀목이 되어주는 엄마 이은옥 여사에게 사랑과 감사를 드린다. 항상 마음이 통하는 동생 기원이에게도 사랑과 고마움을 전한다.

무뚝뚝하지만 마음 가득 꿈을 응원해주는 사랑하는 남편 원상현, 그리고 이 글의 주인공인 엄마바라기 재희, 세빈이에게 무한한 사랑과 고마움을 전한다.

끝으로 이 책이 나오기까지 힘써 주신 레몬북스 대표님께 고개 숙여 감사의 인사를 드린다.

2015년 여름
김민아

| 차례 |

들어가기 전에 • 5

내 아이를 위한 준비된 엄마 습관

나를 사랑해야 내 아이가 보인다 • 15
내 아이는 옆집 아이가 아니다 • 21
엄마만 모르는 내 아이의 감성과 두뇌 • 29
내 아이만을 위한 육아관을 세워라 • 35
청소와 가사로 아이를 내버려두지 마라 • 42
옆집 엄마도 방황하고 있다 • 49
한 가지라도 아이에게 투자하라 • 55

2장 엄마수업 준비된 엄마

임신과 태교법부터 이해하라 • 65

아이의 발달 과정을 공부하라 • 68

육아서를 끼고 살아라 • 75

육아, 발로 하려 하지 마라 • 84

엄마 수업을 받아라 • 89

공부하지 않는 엄마가 제일 불안하다 • 95

옆집 엄마 만나지 말고 나만의 육아법을 연구하라 • 101

똑똑한 엄마는 똑똑한 편식을 한다 • 107

3장 준비된 영재교육 엄마 습관

영재는 뱃속에서부터 길러진다 • 117

하루 30분 영재가 되는 대화법 • 124

영재가 되는 환경을 만들어준다 • 132

엄마와 노는 것이 교육의 첫걸음이다 • 139

감성교육이 영재교육에 날개를 달아준다 • 145

영재를 만드는 한글놀이는 따로 있다 • 152

놀이터 교육으로 엄마와 사회성 쌓기 • 160

만들기 놀이로 창의성 길러주기 • 166

4장 준비된 영어교육 엄마 습관

알파벳을 친구로 만들어주기 • 175

우리말 동화책과 영어책을 번갈아 읽어준다 • 181

영어동요를 흥얼거리는 습관 길러주기 • 187

반복 없는 영어는 있을 수 없다 • 193

엄마의 리액션이 아이의 기를 살린다 • 200

상상력과 호기심으로 영어에 날개를 달다 • 206

영어의 처음은 듣기, 마지막은 쓰기 • 213

5장 아이의 미래가 결정되는 엄마 습관

착한 영재로 키우지 마라 • 223

칭찬과 꾸짖음을 병행하라 • 230

아이는 소유물이 아니다 • 237

옆집 아이와 다름을 기꺼이 인정하라 • 245

행복한 아이는 자존감이 높다 • 252

아이에게 바른 가치관을 가르쳐라 • 259

자연을 사랑하는 아이로 키워라 • 266

글을 맺으며 • 272

하루 10분 준비된 엄마 우리 아이 똑똑하게 만든다

엄마 습관 아이 미래가 결정된다

1장

내아이를 우한 준비된
엄마 습관

나를 사랑해야
내 아이가 보인다

　사람들은 말한다. 여자라면 누구나가 모성본능이 있는 게 아니냐고. 맞는 말이다. 태어나면서부터 여자는 많은 호르몬이 모성본능과 관계가 있다. 하지만 단순히 가지고 태어난 모성본능으로만 아이를 키운다면, 많은 여자들은 아이 키우기를 너무나 쉽게 생각하거나 그로 인해 돌아오는 부정적 결과나 피해는 또다시 여자들에게 죄의식으로 돌아갈 것이다.

　나는 서른이 넘도록 결혼할 생각이 없었다. 집안도 어려웠거니와 부모님의 잦은 다툼으로 도무지 평화롭고 안정적인 가정을 가져보지 못했다. 그로 인해 아이를 낳고 기르는 일은 너무도 힘든 일일 것이며 더구나 나처럼 학창시절과 사춘기를 우울하게 보내게 될 아이들을 또 낳는다는 것은 정말이지 내 마음에서 허락할 수 없는 일이었다. 하루하루 즐겁게 살며 책을 보고 영화를 보고 술 마시고, 나 하나만 행복하게 사는 데에 초점을 맞추며 미혼 생활을 마음껏 즐기자는 것이 내 생각이었다.

내가 다닌 면세점이란 곳은 여자들만 있었던 곳으로 하루 종일 서서 일하는 것도 모자라 여자들과의 심리적 경쟁도 스트레스의 큰 원인이 되었다. 그래도 그게 어딘가. 혼자 사는 집이 있고, 직장이 있고, 사는 것은 이런 것이라고 삶을 버티고 있었다. 심리적 공황장애를 잔뜩 안고 폭탄처럼 살고 있는지도 모른 채……

그러다 남편을 만나고, 결혼이란 제도에 몸을 맡기게 되었다. 하지만 많은 여자들이 그렇듯 결혼을 한다는 것은 여자에게는 제2의 인생이다. 그냥 흘러가는 대로 둘 수만은 없기에 나는 결혼을 시작으로 공부를 하기 시작했다. 공부? 인생에도 공부가 있다지 않은가? 이를테면 이런 것이다.《인테리어로 예쁜 집 꾸미기》,《사랑받는 신랑 술안주 만드는 법》,《한 번에 끝내주는 내추럴 클리닝》등 이런 책들을 옆에 끼고 지난 나의 인생과는 다른 내가 만든 멋진 가정을 꿈꾸었다. 모든 20~30대 여성이 그렇듯 말이다.

아이는 1년 뒤에 낳기로 마음을 먹었다. 1년 정도는 책에서 배운 대로 현모양처의 자질을 갖추고 만반의 준비를 하고 아이를 가지면 나도 뭔가 다른 사람처럼 그럴 듯하게 살 수 있지 않을까 해서 말이다.

사실은 더 깊은 내면으로 들어가면 내 상처가 아이의 계획을 세웠을 수도 있다.

우리 부모님은 혼인 전 나부터 갖으셨다. 그러고 나서 두 명의 동생이 더 태어났는데 엄마는 늘 내게 이런 말을 하시고는 했다.

"네가 태어나서 어쩔 수 없이 아빠랑 산다. 살아!"

이게 무슨 말인가. 내가 언제 나를 낳아달라고 부탁이라도 했던가. 본인들이 좋아서 낳아놓고, 거기에 엄마를 이리 불행하게 만든 게 다름 아닌 나라니.

그리하여 나는 절대로 결혼식 전에는 계획 없는 아이를 낳지 말아야겠다고 생각했다. 어머니의 전철을 밟는다는 것은 피하고 싶었다.

임신을 확인한 날, 나는 남편에게 케이크와 꽃다발을 사오라고 부탁했다. 싱글벙글 웃으며 들어온 남편을 보니 문득 부모님의 결혼 생활이 떠올랐다. 그런 생각이 들자 나는 더 열심히 행복한 결혼 생활을 꾸려가야겠다는 생각이 들었다.

임신을 하게 되자 직장을 그만두고 자주 서점에 갔다. 의정부에 신혼집이 있어 전철을 타고 광화문 교보문고까지 가서 정말이지 우연히, 우연히 집어든 육아서가 있다.

많고 많은 육아서 중에서 초라한 문고판으로 만들어져 가격도 저렴한 그 책이 왜 내 눈에 들어왔는지 정말이지 운명 같다고밖에 할 수 없다. 이 책은 모든 아이는 천재로 태어남을 인정하면서 아이들을 믿고 키워온 스토너 부인과 칼비테 목사의 영재교육법이 담겨 있었다. 이 책을 시작으로 나는 많은 육아서를 접하며 육아교육에 눈을 뜨기 시작했다.

정말이지 다른 세상이구나 싶었다. 나는 태어날 때부터 사랑받을 준비가 되어 있지 않아 늘 우울했고 힘들다 생각했는데, 사람은 누구나 사랑받기 위해 태어났고 천재로 태어나며 어떤 환경을 주느냐로 인해 행복한 사람으로, 불행한 사람으로도 변할 수 있다는 것을 책을 통해 알았다.

또 하나의 책도 같은 날 골랐다. 마사 아이네만 피퍼와 윌리엄 피퍼 부부가 책에서 언급한 '내적불행'이란 자신이 원하는 삶을 살지 못하도록 성장기부터 방해받은 좋지 않은 내면의 힘이라고 했다. 이 내적불행은 나나 혹은 그 누구에게나 있을 수 있고, 그동안 내가 우울하고 힘들었던 부분이 내 잘못만은 아니라는 점 또한 이날 고른 책을 통해 알게 된 사실이다.

이 세상에 그 무엇보다 중요한 것은 나 자신을 이해하고 사랑하는 것, 이것은 육아를 시작하는 엄마들이 가장 먼저 가져야 할 마음자세이다. 어쩌면 나는 이 두 권의 책을 한날한시에 집을 수 있었을까. 아마도 나는 내 아이에게 나 같은 성장기를 물려주지 않겠다는 강한 의지가 우주에 전해진 게 아닐까 한다. 그 어떤 보이지 않는 힘이 올바른 가치관과 바른 아이를 키우고 싶어 하는 내 마음을 읽고 이 책들을 보내주셨을 거라는 생각이 들었다.

나를 사랑하고 있는가? 사랑한다면 나를 어디까지 사랑하는가?

나와 관련된 모든 환경을 배제하고 오롯이 나와 단둘이 맞이했을 때 용서하고 이해하고 공감하며 다른 그 누구도 침범하지 못하도록 나를 지켜내는 것이 나를 사랑하는 것이다.

아이를 임신하지 않았으면 몰랐을 나의 존재, 어찌 되었던 자신을 사랑하는가에 대한 명제는 살면서 필요한 가장 기본적인 전제가 되어야 한다.

큰아이가 유치원을 들어가면서부터 얼마 전까지 유아출판사에서 영업사원으로 책을 팔았다. 처음엔 아이를 키우는 엄마들에게 도움이 되겠다는 권유로 시작했는데 많은 엄마들을 만나면서 오히려 내가 더 재미와 보람을 느꼈다.

하지만 안타까운 것은 많은 엄마들이 생각보다 육아에 대한 마음의 준비가 덜 되었다는 것이다. 그러니 아이는 보이지 않고 육아는 짜증 나는 일이라는 생각에 하루하루 지쳐가는 엄마들이 많은 것이다.

내가 만난 보문동 엄마는 이런 말을 했다.

"나도 사랑받지 못하고 자랐는데, 사랑을 어떻게 주나요?"

가슴이 아프다. 흔히들 결혼 상대를 고를 때 환경을 중요하게 생각한다며 사랑을 많이 받고 자란 가정인지 확인할 때가 있다. 이혼한 가정인지, 형제는 어떻게 되는지 등등. 물론 사랑을 많이 받고 자란 사람이 습관적으로 사랑을 풍족하게 줄 수는 있다. 하지만 사랑을 덜 받고 자랐다고 해서 사랑을 아예 모른다거나 감정이 없는 사람으로 치부해버리면 곤란하다.

사랑은 배우면 된다. 자신을 사랑할 시간을 놓치고 아이를 낳았다면 아이가 커가면서 엄마 자신을 사랑하는 법을 배우고 연습하면 사랑의 풍족함을 느낄 수 있을 것이다.

틈틈이 자신만의 시간도 가져보고, 내가 좋아하는 것, 싫어하는 것도 종이에 적어보고, 그리고 무엇보다 가슴속에 있는 상처를 떠나보내는 연습을 하면 좋다. 쉽지는 않지만, 매일매일 이 연습을 하다 보면 아이만큼 커 있는 나 자신을 발견할 수 있다.

많은 엄마들이 육아서를 읽고, 앞서가고 있는 긍정적인 선배 맘들을 친구로 만나보고, 나를 사랑하기 위해 보다 적극적으로 살았으면 좋겠다는 생각이다.

어느 정도 시간이 지난 요즈음 보문동 엄마는 하나하나 연습을 한다고 한다.

"난 사랑받기 위해 태어났다."

"과거의 상처는 내 잘못이 아니다."

"지금부터 내 아이는 나처럼 키우지 않는다."

이런 말을 되뇌며 아이의 눈빛을 따뜻하게 바라보려고 노력하는 중이란다.

정말 응원하고 싶다. 나의 과거와 이별하고 나를 이해하고 안아줄 때 비로소 아이가 보인다. 나를 사랑해야 비로소 내 아이가 보이는 법이다. 더 늦기 전에 오늘부터라도 나를 사랑하는 연습을 해야겠다.

내 아이는
옆집 아이가 아니다

남의 떡이 커 보인다는 말이 있다. 왜 내 것이 온전하게 있음에도 남의 수중에 들어간 것은 유난히 크게 보이는 걸까? 어찌 보면 제대로 내 떡에 관심이 없어서인지도 모르겠다. 하물며 내 떡이 무슨 떡인지조차 모른다면 남의 떡은 더욱 크고 맛있게 보이기까지 할 것이다.

내 아이의 떡잎은 언제 생겨서 어떻게 자라고 있는지 유심히 관찰을 하는 엄마라면 아이가 어렸을 때부터 옆집 아이와 비교하는 일은 절대 없다. 내가 관찰한 내 아이는 아이가 원하는 방향으로 잘 커나가기를 믿기에 다른 곳으로 눈 돌릴 틈이 없는 것이다.

물론 전혀 옆집 아이가 눈에 들어오지 않는 것은 아니다. 나 역시 한동안 나 자신의 육아법을 의심하고 누군가를 부러워할 때가 있었으니 말이다.

재희(큰아이)가 8개월 때이다. 아이만 키우는 것이 힘들다는 생각에 인터넷 육아카페 모임에 나가면서 또래 엄마들을 사귀게 되었다. 하나같이 예쁘장한 엄마들이 모여 어찌나 아이자랑을 하는지 나 또한 지지 않으려 별별 자랑을 해댄 적이 있다.

내 아이는 돌 전에 많은 말을 했다, 내 아이는 이가 빨리 났다, 내 아이는 또래 아이보다 키가 큰 편이다 등등. 그러다 이 자랑은 수박씨가 수박으로 갑자기 돌변하듯, 저쪽 엄마는 아이가 이미 돌도 되기 전에 문장을 말하고 이는 한꺼번에 두 개씩 올라왔으며 아이 키가 커서 너무 놀랐다는 이야기로 어느새 8개월짜리 아이들은 서너 살 아이로 둔갑해 버리는 것이 아닌가.

웃기면서도 우린 웃지 않았다. 왜? 내 아이 또한 분명 그 무엇인가가 옆집 아이보다 뛰어난 것이 있을지도 모른다는 생각에 머릿속은 바빠지기 시작했다. 그중 어떤 것은 사실로 둔갑할 것을 은근히 바라고 있으므로 웃는 것은 서로에게 지고 있는 것이나 다름없기 때문이다. 보이지 않게 옆집 엄마가 나를, 혹은 우리 아이를 부러워했으면 하는 게 어쩌면 솔직한 엄마의 마음인지도 모르겠다.

엄마의 마음은 그렇다 쳐도 내 아이는 어떠할까? 아직 어리니 당연히 눈치는 못 챌 것이다. 지금이야 기껏해야 발달 상태로 비교가 될 뿐이니 집에 가서 잘 먹이고 잘 입히면 따라 잡을 것 같다는 생각에 안도감이 생긴다.

그날 집으로 돌아오는 길은 아이를 업고 오면서도 발걸음은 가벼웠다. 그러다 갑자기 안 가던 유기농 매장도 둘러보고 보세옷가게에 들러 한 치수 큰 양말이라도 하나 건지고 돌아온다. 그리고 오랜만에 아이를 앉히고 부드러운 말투로 말을 건다.

"자, 재희야! 엄마가 사온 이 딸기 좀 먹어볼까? 오늘 보니 네 키가 좀 작아 보이더라. 부지런히 먹고 쑥쑥 크자!"

세상에 딸기 좀 더 먹는다고 키가 클까.

지금 생각해보니 나의 욕심이 아니었나 생각한다. 아이들은 때가 되면 크는 것을 미리 걱정하고 조급한 마음을 가졌으니 말이다. 이후로 그 모임에 한두 번 더 나갔다. 아이들이 어려 몇 개월 차로도 발달이 눈에 띄었다.

그런데 세상에나! 지난번 서너 살이 되었던 아이는 먹이기를 그만두었나, 왜 그대로이며 제일 작았던 형주라는 아이는 또래 키를 넘어서고 있는 이유가 뭐란 말인가. 엄마들은 또 묻는다. 단번에 자란 그 친구 엄마에게 뭘 먹였느냐고.

그날 이후 나는 아이에게 먹는 걸로 비교하지 않았다. 설령 적게 먹고 있더라도 언제 폭풍처럼 달려들지 모를 때를 기다려보겠다고 다짐을 한 것이다. 대신 음식의 질은 따지기로 했다. 중국산이 아닌 국내산과 신선한 과일과 야채로 정성을 담아 아이가 음식을 즐기도록 유도했다. 이 다짐은 아이가 커서도 신경 쓰며 지키려 노력하는 일 중에 하나다. 세상에, 먹는 걸로 옆집 아이와 비교하다니. 만약 신랑이 옆집 엄마가 날씬함을 유지하며 먹는 것을 나와 비교한다면 어떨까. 생각만 해도 기분이 나빠진다.

먹는 것으로 비교하는 것도 모자라 나는 잠깐 옆집 영재아이도 부러워한 적이 있다. 이 엄마 역시 한 모임에서 만났는데 한 번에 마음이 맞아 집을 오가며 밥도 먹고 일상이야기도 하며 시간을 보냈다. 하지만 다른 엄마와 다른 점이 있다면, 나와 같이 교육에 관심이 많다는 것이다.

40대 중반에 어렵게 낳은 아들 하나이기에 애지중지 키우는 맘이 있는 것은 진작 알고 있었지만, 교육 또한 남부럽지 않게 하는 것을 보고 혀를 내두른 참이었다. 나는 그 당시 30년 된 낡고 좁은 집에 살고 있던 터라 거실 한가득 책을 꽂아두면 누울 곳이 없었다. 하지만 이 언니네 집은 34평 아파트로 거실도 넓고 책도 한가득 있어 책을 본다는 핑계로 놀러가서는 영재아이를 관찰하고는 했다.

나중에 안 사실이지만 언니 역시 내가 교육에 관심이 많고 재희가 또래보다 발달이 빠른 것 같아 친분을 유지하고 싶다고 했다. 역으로 나를 부러워하고 있었음에도 나는 왜 언니의 아들에게 꽂혔는지 그때는 그렇게 부러울 수가 없었다.

돌도 안 된 아이가 영어단어를 뽑아오는 것은 물론이고 방금 읽어준 시를 한 줄 한 줄 또박또박 말하는 모습이라니………. 재희가 말을 빨리 하기는 했지만, 돌 이전에 시를 외우고 영어단어를 짚고 해맑게

웃는 모습이 재희 얼굴과 겹쳐지면서 머릿속이 하얗게 변하고 있었다. 얼른 이 방법을 물어봐야 한다는 강박관념과 한 쪽에서 장난감 자동차를 만지고 있는 녀석이 그날따라 바보 같아 보여 머리가 붕 떠 있는 기분이었다.

비교라는 것이 이런 것인가 보다. 잘 크고 있는 내 아이도 바보 같아 보이는 것. 나는 또 부랴부랴 집으로 돌아와 책을 펴서 시를 읽는다. 똑같이 따라 해도 이미 몇 개월 뒤나 보여줄 것을 급하게 잘도 적용했다.

그 언니의 몇 개월의 노고와 힘든 과정은 무시한 채 결과만 보고 무조건 따라 하기로 마음먹었다. 결과는 어떠했을까. 재희는 결국 시를 외웠다. 영혼 없는 시를 중얼거리며 내가 과자로 유인하면 한두 번씩 답을 주고는 했다. 그리고는 전혀 새롭다는 듯 시를 읽어 달란다. 그새 잊어버린 것이다.

잊어버리면 어떤가. 또다시 들려주면 된다. 교육, 더 세부적으로 들어가 두뇌 발달이라는 것은 반복적으로 뇌를 자극해 주는 것이다. 뇌가 자극을 받으면 세포가 활성화되고 수많은 시냅스가 고밀도화되어 두뇌가 좋아진다.

두뇌가 좋다는 것은 곧 빠른 시간 내에 많은 정보를 습득하며 단기간에 일을 처리할 수 있는 능력이 생기고 이성적, 논리적으로 사물을 판단하게 된다. 어렵지만 조기교육의 목적도 이와 같은 맥락이다.

어쨌거나 나는 조기교육을 하고 있는 것이 행복했다. 아이의 두뇌자극은 빠르면 빠를수록 좋다는 것을 알고 있었기에 나름대로 열심히 하고 있던 차에 영재아이 덕분에 박차를 가할 수 있었다. 하루하루 내 아이도 영재가 되어간다는 생각에 마냥 즐거웠던 시간이었다.

그해 가을, 그 영재 아이가 우리 집에 놀러오는 날이었다. 전화를 미리 주어서 밥도 해두고 아이들 간식도 준비해두었다. 아이들이 15개월을 맞이하는 달로 조금은 쌀쌀했던 기억이 난다.

그런데 온다고 한 지도 반나절이 지나고 집 앞이라는 전화를 받은 지도 한참인데 언니와 아이는 인기척이 없었다. 내심 궁금하던 나는 밖을 나가 보았다. 100미터 앞 한 자동차 앞에서 언니는 아이의 눈을 보며 이렇게 말하고 있었다.

"맞아, 동그라미지, 바퀴야, 바퀴는 동글동글해요."

나 역시 아이에게 늘 하던 생활이었으므로 새삼스러울 것도 없지 싶어 잠시 기다렸다.

하지만 나를 보고도 본 체 만 체하는 언니가 이해가 가지를 않았다. 쌀쌀한 날씨에 집에서 있다가 나온 나와 내 아이가 기다리는 것은 아랑곳하지 않고 아이에게만 온 신경을 집중하고 있었던 것이다.

순간 나와 내 아이는 뭔가 싶었다. 손님맞이 한다고 책도 안 읽어주고 음식 한다고 집도 엉망이 되었건만, 자신의 아이의 눈에 들어오는 것에만 열중인 언니가 내심 서운했다. 나 역시 영재 육아라는 명명하에 많은 것을 아이에게 공감해주고 지금껏 키워왔는데 지금 같은 순간에서는 기다리는 사람을 생각해서라도 아이를 안고 그만 들어와 줘야 하는 것이 아닌가 하는 생각이 들었다.

바로 그때 나는 중요한 사실을 깨달았다. 아무리 교육이 중요하지만 남을 배려하지 않는 상태에서 하는 교육이 무슨 의미가 있는가 하는 것이다.

물론 아이가 집중할 때는 모든 것을 멈추고 한없이 기다려 줄 수도 있다. 하지만 그건 나와의 약속이 없었을 때 이야기다. 거꾸로 내 자신도 돌아본다. 내 아이의 시간을 쪼개 남을 만나는데 나는 하루를 다 보냈다. 영재아이라고 부럽고 좇아가려고 한눈을 파는 사이, 나는 내 아이를 제대로 바라보지 못했다. 충분히 잘 자라고 있는 아이에게 영재성을 더 넣어주겠다고 아이와 나란히 남을 바라보는 모습은 초라하기 그지없었다.

나는 이날 이후로 많은 것을 내려놓았다. 내 아이의 생김새나 신체적 발달을 남과 비교하지 않는 것은 물론이며, 정신적 발달을 무턱대고 쫓아가는 습관을 버리기로 한 것이다. 내 아이는 옆집 아이가 아니다. 그 아이는 내가 낳지도 않았고 더구나 나는 그 아이를 잘 모른다. 그런데도 보이는 것이 부러워서 마냥 좇아간다면 뒤에 혼자 남아 있을 내 아이는 누가 돌본단 말인가. 내 아이는 나를 좋아한다. 내 뱃속에서 나와 나의 냄새를 좋아하고 무조건적인 사랑을 보내준다. 맹목적인 사랑으로 목숨 바쳐 사랑해준다.

생각할수록 가슴이 벅차오른다. 그토록 사랑스럽고 똑똑한 아이에

게 나는 보답을 해야 하지 않을까. 영혼 없는 영재교육이 아니라 진심
어린 사랑과 배려의 교육으로 말이다.

엄마만 모르는
내 아이의 감성과 두뇌

아이는 태어나서 얼마나 많은 언어적 자극을 받았느냐에 따라 언어
지능 수준이 달라진다.

말수가 적은 부모나 핵가족 밑에서 자란 아이는 수다쟁이 부모와
대가족 안에서 자란 아이와는 확연히 단어 수에서부터 차이가 난다.
또한 수다쟁이 부모 아래에서 많은 이야기를 듣고 자란 아이는 보다
영리하며 창의적이라는 통계도 있지 않은가.

아이와 수다를 떨고 싶다면 가장 먼저 아이의 반응을 잘 살펴봐야
한다. 아이가 누워 있는 시간, 아니 아이가 뱃속에 있을 때부터 태담을
들려주는 것은 물론이고 매 순간마다 아이의 반응에 귀를 기울이는 것
이다.

어른이 되고 나서는 의식을 못하지만 아이 입장에서 말을 배운다는

것은 엄청나게 큰 변화를 경험하는, 말 그대로 신세계이다. 아이가 엄마의 말이나 주변 사람들의 영향으로 말을 들으면 처음 건네는 답은 옹알이이다. 아이가 처음으로 엄마에게 소통을 보내는 이 옹알이를 우리가 제대로 받아들여야 참다운 교육이 시작된다.

옹알이를 들으면 엄마가 즉각적으로 해야 할 일이 있다. 아이가 옹알이를 그치면 바로 말을 시켜주는 것이다. 그것도 정확하게 천천히 되풀이해주는 것이다.

큰아이 재희가 알아들을 수 없는 무언가를 말할 때 나는 가만히 듣고 있다가 다시 말을 해주었다.

"배가 고파요? 엄마한테 배가 고프다고 말하는 거지요? 기다리세요!"라는 문장을 할 때도 있고, 아이가 "오두아.", "따따." 이런 식으로 무언가 말을 하면 "아, 맞아, 저건 고구마야, 고,구,마.", "저건 사과야. 맞았어! 우리 재희 잘도 아는구나." 이런 식으로 맞장구를 쳐주었다.

혹 아이가 정확히 고구마와 사과를 말하지 않았어도 엄마의 적극적인 반응은 아이의 자존감도 지켜주고 무언가를 들으며 뇌자극이 되겠다는 생각에서였다.

하지만 아이가 좀 더 컸을 때 우리는 종종 실수를 범하게 된다. 아이의 기준에서 생각하며 답해준다며 유아어를 답으로 되돌려주는 것이다.

아이가 "빠방." 하면 "아, 빠방이 지나가요?" 이렇게 답해주는 부모들이 있다.

아이가 처음 하는 말들을 그대로 따라 답을 해주면 아이는 한참이 지나도록 자동차라는 단어를 머리에 넣기도 전에 빠방이라는 단어를 오랫동안 기억한다.

모임에서 만난 한 엄마와 아이가 늦게 온 적이 있었다. 이미 28개월을 넘긴 우리 아이와 친구가 되어서 반가운 마음에 나는 아이에게 물었다.

"뭐 타고 왔어요?"

아이의 대답은 "빠방!"이었다. 뭐, 그럴 수 있겠다 싶어서 다시 물었다.

"빠방, 아, 자동차 타고 왔구나?"

아이는 눈을 동그랗게 뜨며 "아니, 빠빵!"이라 하는 것이 아닌가! 이미 아이는 자동차라는 말을 거부하고 있었다. 그 후에도 몇 번 아이를 만나보았지만, 여전히 말수가 또래 아이보다 적음은 물론이고 아이들과 어울리지 못하는 장면을 보며 안타까운 기억이 난다.

서기 1300년경에 로마의 한 황제는 한 가지 실험을 했다.

아기가 태어나서 처음 쓰는 단어를 알아보고자 한 것이다. 아기는 엄마에게 떨어져 젖과 목욕 외에는 격리를 시켜두고 말을 시키거나 노래를 불러주지 않았다. 어쩌다 아이가 건네는 옹알이를 답해주지 않았음은 물론이다. 아기가 처음 한 말은 무엇이었을까. 아무도 그 말을 들을 수는 없었다. 첫돌이 되기 전 아기들은 이미 눈을 감았기 때문이다.

아기가 처음으로 보내는 신호는 아마도 울음일 것이다.

엄마라면 누구나 구분한다던 내 아이의 울음. 진정 많은 엄마들은 그 울음소리를 구분할 수 있을까?

아이에게 관심이 없다면 혹은 엄마가 아니라면 절대 아이의 울음소리에 반응을 잘할 수 없다. 짜증이 섞인 소음으로밖에 들리지 않을 테니 말이다.

태어나서 처음으로 폐에 산소를 넣기 위해 우는 울음을 시작으로 아이는 울음으로 이 세상과 소통하며 살려고 노력한다. 추우면 떨리는 목소리로 울고, 배가 고프면 짧지만 강하게 리듬에 맞춰 울고, 어딘가 불편하고 아프면 악을 써대며 운다.

가늘게 칭얼대며 울면 기저귀가 젖어 있는 것이고, 비명을 지르는 듯한 굵고 짧은 울음은 누군가 불편하게 건드렸거나 모기나 파리가 왔다갔음을 알려준다. 아이를 키우며 관찰하지 않으면 알 수 없는 아이의 감정들이다. 이런 이유로 아이와 소통하기 위해서 엄마는 최소한 24개월 아이의 감정을 읽어주며 곁에 있어야 하는 것이다.

태어나자마자 기어 다닐 수 있는 동물들의 새끼들과 비교하면 인간이 낳은 아기는 1년 정도는 무능함을 보여주는 존재다. 뒤집기를 하고 고개를 가누고 앉아야 하며, 기어 다니고 혼자 일어설 수 있을 때 비로소 걷게 되니 혼자서는 절대 자랄 수 없다. 두뇌는 또 어떤가?

신생아는 태어나면서 이미 140억 개의 뉴런을 가지고 기본적인 신경망을 갖추고 있다고 한다. 하지만 이 수는 태어나기 위한 최소한의 신경망이지 발달과정에 필요한 신경은 계속해서 자극을 받아야 두뇌가 발달한다. 하지만 더 중요한 것은 뉴런의 수나 두뇌의 무게가 아니라 뉴런과 뉴런을 잇는 돌기의 접점인 시냅스의 발달이다. 시냅스가 고밀도로 발달할수록 두뇌발달이 좋다는 뜻이다.

요즈음은 엄마들 사이에서 오감발달이 유행이다. 아이 책을 출판하는 출판사는 물론이고 문화센터나 주민센터에서 영유아의 교육에 있어 오감을 강조하는 시대가 왔다. 언어자극은 물론이고 이 오감발달 역시 아이의 시냅스 발달과 연관이 있다. 그만큼 두뇌발달에 자극을 준다는 것이다.

아이가 태어나면서부터 많은 이야기를 들려주어 청각을 발달시키고, 엄마의 냄새로 아이에게 안정감을 주어 시냅스를 자극을 주며, 여러 가지 맛을 주어 아이가 기억하고 또 다른 두뇌활동을 할 수 있도록 돕는다. 또한 아이가 태어나면서부터 구분할 수 있는 색을 보여주어 시냅스를 활성화시키고, 피부 마사지와 같은 촉각에 자극을 주는 것이 오감발달이다.

아이의 감성과 두뇌에 관심을 가지고 있는 엄마가 있는 집이라면 아이는 커서도 안심을 할 것이다. 어릴 적부터 내 감정을 받아주는 엄마는 나의 몸이 성장하면서 달라지는 모습을 기꺼이 사랑할 것이고, 그에 따라 커가는 감정도 받아주기에 스트레스나 불만이 적은 아이로 자랄 것이기 때문이다.

이 세상에 태어나면서 같은 성향, 같은 기질로 태어나는 아이가 있을까? 물론 아무것도 없는 백지 상태에서 태어나는 것은 같지만, 세상과 맞대는 그 순간 이후에는 다른 환경, 다른 부모, 다른 느낌으로 성장한다. 어떤 환경과 어떤 성향의 부모를 만나느냐에 따라 아이는 감성과 두뇌가 달리 변화한다. 그 책임이 부모에게 있는 것이다.

부모라면 내가 낳은 아이의 발달을 손만 놓고 기다려서는 안 된다. 어리석은 황제의 실험이 보여주듯 아이는 부모의 사랑과 환경의 영향을 먹고 자란다. 하루하루 발달하는 내 아이의 눈빛을 바라보며 공감과 사랑의 눈빛을 마구 쏟아줘야 한다. 어제보다 오늘은 더욱더 내 아이에게 관심을 가져보자. 어른의 하루는 아이의 1년과 같고 어른의 반나절은 아이의 반년과 같다.

내 아이만을 위한
육아관을 세워라

역사적으로 많은 유대인들은 문화와 예술, 정치와 경제 등 각 분야에서 오랫동안 크게 이름을 떨쳐왔다. 어떻게 이토록 많은 유대인들이 세계를 지배하고 인류사에 큰 발자취를 남길 수 있었을까?

아인슈타인, 마르크스, 프로이트를 비롯해 희극배우 채플린과, 영화감독 스티븐 스필버그와 우디앨런, 바이올리니스트 아이작 스턴, 작가 앙드레 지드와 프루스트, 화가 샤갈과 피카소 등 우리에게는 너무나 유명한 사람들이 유대인이다. 이들의 파워는 과거뿐만 아니라 현재 진행형이기도 하다.

석유재벌 록펠러, 스타벅스의 창업자 하워드 슐츠, 던킨 도넛의 윌리엄 로젠버그, 베스킨 라빈스의 어반인 라빈스 등 엄마들이 친근하게 느끼는 브랜드의 창업자 역시 유대인이 대부분이다. 이 놀라운 공헌을 보며 많은 사람들은 유대인들의 교육을 높이 사고는 한다. 흔히들 독특한 교육이라고 하지만 어찌 보면 누구나 알 수 있는 평범한 내용들인 지식교육과 인성교육의 균형을 내세운 전인교육이라 볼 수 있다.

우리나라 역시 교육 하면 빠지지 않는데 결과는 참으로 다르다는 생각이 든다. 어릴 적 똑똑한 우리나라 아이들은 왜 대학만 가면 경쟁력이 떨어지는지 모르겠다. 우리나라에서뿐만 아니라 미국 명문대에 입학한 한국 학생이 반 정도가 중간에 탈락을 하고 미국의 〈포춘〉지가 선정한 500대 기업에 재직하는 한국계 간부는 0.3%에 불과하다고 한다. 성인이 될수록 우리나라 사람들은 점점 설 자리를 잃는 경우가 허다하다.

유대인의 교육은 《토라》와 《탈무드》의 신앙교육을 바탕으로 질문과 토론식의 교육을 중시한다. 또한 남을 배려하고 자신을 소중하게 생각하게 함은 물론 경제관념과 종교 예술을 두루 겪게 하고 민족의 긍지 또한 어릴 때부터 심어준다. 흔들리지 않는 육아관을 유대인 대부분이 가정에서 엄격하게 지키고 있는 것이다.

이 엄격한 교육관은 아빠보다는 엄마가 중심을 잡고 있는데 이는 '유대인의 전통'에 있다. 유대인은 어머니가 유대인이어야 유대인이다. 아빠가 중국인이든 한국인이든 훌륭하든 훌륭하지 않든 엄마가 유대인이 아니면 아이는 유대인이 될 수 없다. 한 나라를 짊어지고 갈 큰 인재를 키우는 엄마의 힘을 오래전부터 인정하고 전통을 지켜온 유대 민족이라 할 만하다.

엄마의 존재와 힘으로 아이의 정통성을 판별하는 나라에 살고 있지는 않지만, 나는 우리나라에서도 엄마만 갖는 특별한 육아관을 가지고 살아야 한다고 생각한다. 아이가 어리면 어릴수록 나와 내 아이만이 갖는 특별한 성향과 기질을 빨리 파악하고 아이에게 자유로움을 허락하되 일정한 규칙 안에서는 그 누구에게도 흔들리지 않게 밀고나가는 굳건한 의지가 필요하다.

내 강한 육아관이 없으면 아이도 나도 하루가 다르게 변하는 환경에 휩쓸려 다니거나, 기준이 없는 엄마를 보며 자라는 내 아이 또한 혼란과 불안을 계속 경험하게 될 것이기 때문이다.

어제는 엄마가 기분이 좋아 아이가 아이스크림 먹는 것을 허락하다가 오늘은 기분이 안 좋아 아이스크림을 못 먹게 한다든지, 오늘은 다른 아이를 때려도 아무 말 않다가 어느 날 때리는 모습이 눈에 거슬려 혼을 내고 큰 소리를 친다면, 아이는 엄마의 어느 장단에 맞출지를 몰라 어리둥절할 것이다.

재희가 30개월을 맞고 정민이라는 여자친구네 놀러가서 생긴 일이다. 물론 이때는 육아관이 확고하게 잡혀서 다른 사람 집에 놀러가는 것이 흔한 일은 아니었지만 오랜만에 둘이 잘 놀고 있나 했는데 잠깐 눈을 돌린 사이 울음소리가 크게 들렸다.

재희가 계단을 밟아 미끄럼틀을 타려는 순간 거꾸로 미끄럼틀을 타고 올라오는 정민이를 그만 밀친 것이다. 다행히 아이는 크게 다치지 않았지만 그 즉시 나는 재희를 방으로 데려가 그 순간을 분리했다. 친구가 우는 모습에 재희 역시 놀랐는지 울먹거리고 있었다.

"친구가 거꾸로 올라와서 화가 났어요?"

"하지만 재희야 친구를 밀면 안 되는 거야. 먼저 비켜달라고 말을 해야지!"

"다음부터는 이렇게 행동하지 않아요!"라고 해주었다.

항상 무슨 일이 생기면 그때그때 아이 마음을 읽어주고 단호하게 말을 건넸다. '엄마는 너를 존중하고 사랑해. 하지만 나쁜 행동을 보고 엄마는 그냥 지나갈 수 없어.'라는 마음으로 아이에게 눈빛을 보내면서 말이다.

많은 육아서를 탐독하면서 제일 먼저 해야 할 일이 나는 엄마만의 육아관이라고 생각했다. 어떤 상황이 와도 의연하게 대처할 수 있고 당황하지 않는 모습으로 아이 앞에 서야 하고, 무엇보다 중요한 것은 아이에게 화를 내지 않는 방법을 터득했기 때문이다. 자신만의 육아관이 생기면 신기하게도 엄마는 아이에게 화를 많이 내지 않는다는 것을 알았다. 아무래도 본인이 정한 틀로 미래를 예측할 수 있으니, 감정적인 발언이나 행동은 자제를 할 수 있게 되는 것이다.

어려서 많은 아이들은 호기심과 질문, 혹은 본인이 얻기 위해 종종 떼를 쓰기도 한다. 재희 역시 밤에 책을 보다가 케이크가 먹고 싶다고 조른 적이 있다. 그림책에서 동물친구들이 만든 과일 케이크를 보며 먹고 싶다고 동네 파리바게트에 가자고 노래를 불렀다.

유치원을 가지 않고 집에서 책을 보며 늦게까지 노는 아이인지라 책과 현실에 분리감각이 이제 막 떨어질 때라 안심하고 있었지만, 아이의 욕구는 밤늦도록 달래보아도 계속되었다. 생각하다 내린 결론은 아이에게 보여주기로 한 것이다.

"그래, 재희야! 옷 입어. 파리바게트 문 닫아서 내일 사주겠다고 했는데 지금 가보지 뭐……. 대신 정말 문을 닫았으면 어쩔 수 없이 내일 사는 거야!"

아이와 옷을 주섬주섬 챙겨 입고 밤 12시가 다 되어서 빵집을 가는 나를 보며 신랑은 어이없어 하는 표정으로 바라보았다. 그런데 나는 이상하게 아이와 손을 잡고 밤늦게 빵집에 가는 그 시간이 너무 행복했다. 밤길이 무서운 것은 더욱더 아니었으며, 아이에게 엄마로서 무언가를 행하고 있다는 사실이 뿌듯하게 다가왔기 때문이다.

빵집에 다다르자 나는 안타깝다는 듯 소리쳤다.

"어머, 어떻게 해! 진짜 문을 닫았다. 정말 먹고 싶었는데……."

그러자 재희는 놀랍게도 이렇게 답한다.

"괜찮아요. 엄마, 내일 다시 사러 와요."

오, 진정으로 네가 내 아들인 거 맞니! 내가 노력해온 결과가 이렇듯 빛을 발하는 건가 싶어 속으로 탄성을 질렀다. 엄마가 내 마음을 공감해주고 알아주는 것을 안 것일까, 재희는 이날 이후 마트에서건 공공장소에서건 떼를 쓰거나 조른 적이 없다.

왜냐하면 정말 갖고 싶은 것이 있다면 그때그때 필요에 따라 마음의 준비를 시켜 사러 나갔고, 살 필요가 없는 날은 쇼핑만 하고 금방 나올 거라고 미리 알려주었기 때문이다. 엄마의 믿음과 육아관은 참으로 아이와 나를 편하게 지내게 해주었다.

요즈음도 이따금씩 마트에서 본인이 원하는 물건 앞에서 누워서 떼를 쓰고 있는 아이를 보고는 한다. 그때마다 아이 엄마가 얼마나 힘들까 하는 생각도 들지만, 아이에게 먼저 뛰어가고 싶은 충동이 생기고는 한다. 가서 부둥켜안고 제일 먼저 해주고 싶은 말이 있다.

'일어나서 엄마 봐봐, 그렇게 갖고 싶었어? 그랬어? 엄마가 몰랐구나!……'라고 말이다. 신기하게 마음속에 하고자 하는 욕구를 드러내어주고 읽어주면 아이는 더 이상의 떼를 쓰지 않는다.

처음부터 무조건 안 된다는 규칙 말고 아이 입장에서 아이 마음에서 자유로운 규칙을 만들어 엄마만의 정확한 룰을 가져보라고 많은 엄마들에게 이야기해주고 싶다. 그래야 비로소 내 아이가 눈에 들어오고 차분한 엄마의 자세가 나올 것이기 때문이다.

상담으로 만나는 엄마들 대부분이 힘든 육아로 인해 '멘붕'이라는 단어를 쓸 때마다 나는 본인의 정확한 룰이 없기 때문이라고 말해준다. 옆집 엄마가 산양분유를 먹이든 고가의 멜라민 분유를 먹이든 나와 무슨 상관이란 말인가. 옆집 엄마가 몬테소리를 하던 프뢰벨 책을 읽히든 나와 무슨 상관이 있단 말인가. 지금 내 아이가 먹고 있는 분유와 책은 내가 진정으로 고민하고 생각해서 고른 것이니 내 아이의 변화로 인해 마음이 바뀌지 않은 한 최대한 나 자신을 믿고 나아가야 한다. 그것이 진정한 육아의 첫걸음이다.

청소와 가사로
아이를 내버려두지 마라

내 주변에는 유난히 청소를 좋아하는 엄마들이 많다. 어쩌다 집에 초대해서 가보면 깨끗한 주방과 가지런히 꽂혀 있는 책장을 보며 나도 모르게 감탄을 하고는 한다. 처음엔 엄마의 부지런함에 놀라고 두 번째로는 아이의 생활이나 성향이 궁금해진다. 엄마의 부지런함이야 체력이 허락하는 한 가능한 일이겠거니 생각하지만 아이가 궁금해질 때는 나도 모르게 꽤 오랫동안 관찰을 하게 된다.

깨끗한 집에서 자란 아이는 어떤 아이로 자랄까? 정리 정돈을 잘하고 성격이 깔끔하며 뒤끝 없는 아이로 자랄 수도 있다. 신중하고 예민한 아이로 자랄 수도 있을 것이고, 심하면 결벽증이나 강박증을 일으킬 수도 있다. 하지만 많은 엄마들은 이런 극적인 상황을 생각하기보다는 외관상 지저분한 것이 싫거나, 습관적으로 청소를 하는 것 같다.

물론 아이 있는 집은 청소가 필수다. 아니 어디 아이 있는 집뿐이겠는가. 하지만 아이가 있는 집이 너무 깨끗하다면 그 또한 문제가 아닌가 하는 생각이 든다. 아이가 먹다 남은 과자 부스러기 하나 없고 어디 구석에서 가끔 튀어나와야 할 사탕비닐이 내 눈에 보이지 않는다면, 나는 더 이상 그 집에 오래 머무르고 싶은 생각이 싹 사라지고는 한다.

오랫동안 만나고 있는 내 지인은 아이가 네 살이 되어 어린이집을 갈 때까지 참으로 열심히 청소를 한 엄마다. 아침에 일어나 제일 먼저 하는 일이 청소이고, 집이 지저분한 것이 싫어서 우리와 차를 마시고 나면 흔적을 곧바로 처리하는 손도 빠른 엄마다.

사실 나중에 안 사실이지만, 시어머니와 같이 살고 있어서 나름대로 스트레스를 받고 있었던 것 같다. 누가 지저분한 며느리를 좋아하겠는가 싶어 무엇보다 집안일이 우선순위다. 하지만 지금에 와서 느끼는 것은 아이보다 더 집안일을 했다는 것에는 속이 상한다고 했다.

안아달라고 보챌 때 잠시 기다리라며 걸레 빠는 일을 마무리했고, 책 읽어 달라고 조를 때 설거지에 눈이 가 있었던 시절, 그러고 보니 어느새 아이는 다섯 살을 향해 가고 있었다.

나는 육아서는 임신과 동시에 읽었지만 동화책은 아이가 백일도 안 되어서 읽은 엄마다. 탄탄에서 나온 스타트 북을 시작으로 많은 동화책을 읽어주었는데, 탄탄 명작에서 나온 '어디 있니? 피기'라는 책은 일찍이 나에게 경각심을 심어준 책이다.

피기라는 아이가 놀아 달라, 책 읽어 달라, 본인을 봐 달라 하지만 집안일에 바쁜 엄마는 조금만 기다리라며 시간을 끈다. 해도 해도 끝이 보이지 않는 집안일을 대체 언제 해놓고 아이의 눈을 바라본다는 것인지 어쩌면 우리 같은 엄마들을 아이 입장에서 꼬집어 놓은 일화라고 하겠다. 결국 아이는 엄마가 보이지 않는 곳에서 혼자 놀고 있고, 엄마가 찾아내는 일로 결론을 짓는다.

책에서 보이지는 않았지만, 나는 아이의 마음도 읽어본다. 엄마의 뒤만 바라보는 아이 마음은 참 씁쓸했을 것이다. 아이라 씁쓸한 것을 모른다면 허전하고 뭔가 슬프다는 것을 느낄 것이다. 아주 어린아이가 말이다.

예전 우리 어른들은 우는 아이가 있으면 자주 안아주지 말라고 말할 때가 있었다. 한 마디로 나쁜 습관이 든다는 것이다. 하지만 이것은 잘못된 생각이다. 아이가 울어서 한 번 안아주면 그것이 습관이 되어서 시도 때도 없이 안아 달라 할 것이고 그렇게 되면 일하는 어른을 방해할 것이라는 잘못된 관념에서 나온 결과이다.

한 심리학자는 아이들이 안긴다는 것은 아주 행복하고 기분 좋은 일임을 아이 스스로 안다고 말했다. 엄마에게 혹은 타인에게 '나는 소중하게 여겨지고 있어.'라며 스스로를 행복하고 사랑받을 가치가 있는 사람인지를 이 순간 판단하기 때문이다.

아이가 욕구를 표현할 때는 대부분 울음으로 표현한다. 우는 것은 가장 기본적인 표현이기에 엄마들 대부분은 아이의 울음소리로 아이의 감정과 상황을 거의 정확히 분별할 수 있다. 아이가 우는 단계를 거쳐 정확히 말로 표현한다면, 엄마는 더욱 적극적으로 아이의 눈을 보며 욕구를 채워줄 수 있다. 하지만 아이의 이런 욕구 등을 무시한다면 아이에게는 강한 분노가 생긴다. 말 그대로 아이의 욕구를 즉각적으로 반응해주지 않으면 아이는 더 세게 혹은, 더 강하게 표현을 하다가 분노를 마음속에 쌓아 둔다는 것이다.

가끔 엄마들을 만나면 이런 말을 들을 때가 있다.

"아이를 안아주려고 가보니, 잘만 놀고 있던데 뭘……."

"내가 하던 일은 아주 잠깐인 걸, 그 틈에 무슨 일이 생긴다고……."

"바로 달려가지 않더라도, 조금 지나면 아무렇지 않게 조용하던데……."

정말 아이가 엄마 마음을 헤아리고 이해해서 가만히 있는 걸까? 엄마가 바쁜 것을 늦게나마 알아차리고 혼자 놀고 있는 걸까? 절대 아니다. 아이와 이런 상황까지 갔다면 조금은 위험하기까지 하다.

심리학자의 말을 빌리자면 이것은 아주 심각한 상태로 겉으로는 희로애락이 적고 손이 가지 않기 때문에 착한 아이로 보이지만, 아이는 이미 심적인 손상을 상당히 입은 상태라는 것이다. 어리광을 비롯해 본인의 욕구가 충족되지 않았으니 슬픔이나 분노를 무의식 속에 넣어 둔 채로 성장하다가 언젠가는 다양한 심적 트러블로 표면화된다는 것이다.

아이를 낳고 나서부터는 청소와 가사 일이 주가 되지 않은 것에 나는 참으로 기뻤다. 신랑 역시 처음에는 이해하질 못하고 참다못해 본인이 하는 일도 생겼다. 내게는 기쁨이 배로 생기게 된 것이다.

아이와 늦은 아침을 먹고, 바로 설거지를 하면 좋겠지만, 아이의 생활에 맞추었다. 책을 읽고 싶어 하면 읽어주고, 바깥놀이를 하고 싶어 하면 같이 나가주고, 따라다니며 하나하나 설명과 표현을 곁들어 해주면 아이는 신이 난다. 나가서 놀 때면 추상적인 표현을 해주며 상상놀이도 자극을 해주는데, 아이는 눈에 보이지 않지만, 많은 것을 생각하고 기억하는 것을 알 수 있다.

나는 아이와 놀면서 이 순간이 평생 가지는 않으리라는 것을 알았던 것이다. 길게는 초등학교 전까지 짧게는 네 살 이전에 이미 많은 것은 감성과 지성으로 채워질 것을 알기에 하루하루 열심히 아이와 도전의 삶을 살았다. 보는 것마다 즐겁고 신기한 아이의 눈과 마음에 엄마가 같이 있어주지 않는다면, 아이가 보는 것과 느끼는 것은 곧 백지화가 되고 만다. 엄마가 누구인가, 신이 보내준 안내자이자 수호자이다. 엄마 없이 아이 혼자서는 앞으로 나아갈 수 없다.

예전 우리 집에 오는 사람들은 여러 가지로 놀랐다. 우선 벽면 가득 가득 채워진 아이와 내 책에 놀라고, 여기저기 널브러진 살림살이에 또 한 번 놀란다. 아이 개월 수에 비해 책이 너무나 많은 것에 다들 의아해했다. 영재라도 키울 거냐며 툭툭 내뱉는 비웃음소리와 함께 내 살림살이들을 점검한다.

제자리에 들어간 것이 하나도 없단다. 산만하고 어지러워서 정신을 차릴 수도 없단다. 처음엔 나도 당황스럽고 민망했지만, 그 순간 아이가 책을 가지고 오면 그 엄마 보란 듯이 더 열심히 큰 소리로 책을 읽어주며 모면했다. 신나게 통쾌하게 말이다. 나는 속으로 생각했다. 아이를 어린이집에 보내고 집을 말끔히 치우고, 본인 집이 지저분해질까 우리 집으로 차 마시러 온 그 엄마는 내가 생각한 엄마의 상이 아니다. 나는 그 엄마 집에 놀러갈 수 없겠구나 싶어 아쉽기도 했지만, 어떤 면에서는 다행이라는 생각도 들었다.

아이와 놀고 나면 나 역시 녹초가 된다. 다행히 아이는 낮잠을 자주 고 나는 이때를 최대한 활용했다.

밀려 있던 빨래와 설거지를 후다닥 끝내버린다. 시간이 갈수록 해가 바뀔수록 이 속도는 초고속 스피드로 돌변했다. 지금 내가 집안일에 손이 빠른 것도 어쩜 이때 터득했는지 모른다. 이유식이며 먹을거리며 최대한 빠르게 끝내놓고 내가 하는 일은 바로 아이 옆에서 낮잠 자는 일이다.

많은 엄마들이 그렇게 좋아하는 인터넷도 마켓쇼핑도 나는 하지 않았다. 이때는 눈이 반쯤 감길 때라서 아무것도 눈에 들어오지 않기 때문이다. 낮잠을 자두어야 밤에 있을 아이 스케줄을 따라갈 수 있기 때문에 매일은 아니지만 낮잠 자는 일은 아이와 함께 해야 하는 나만의 필수불가결한 일이었다.

청소와 집안일이 밀렸다고 너무 서두를 필요는 없다. 언젠가 TV에서 한 엄마가 이유식을 만들다가 손을 믹서기에 넣어 손가락이 베어진

일을 본 적이 있다. 마음과 눈은 아이에게 가 있는데 몸은 믹서기 앞에 있으니 사고가 나는 것이다. 아이와 있을 때는 아이에게만 충실해야 함을 여실히 보여준 방송이었다.

어찌 되었든 아이 돌보기와 집안일을 동시에 한다는 것은 불가능한 일이다. 어느 것 하나에 제대로 충실할 수가 없기 때문이다. 이때 중요한 것은 아이를 바라보는 것이다.

가끔 아무 생각 없이 설거지를 하고 있을 때 뒷목이 서늘할 때가 있다. 그때는 어김없이 아이가 일을 저지르고 있거나, 내 뒤에 서서 나를 바라볼 때이다. 냉큼 손을 털고 아이를 안아줘야 한다. 더 늦기 전에 말이다.

아이가 나만 바라볼 때가 그리 길지 않으리라는 것을 많은 엄마들이 알아야 한다. 잠깐이라도 눈에 보이지 않으면 화장실까지 쫓아와서 울음을 멈추고 안도하는 아이의 환한 웃음을 기억하는 엄마라면 그 시간이 길지 않음을 실감할 것이다.

옆집 엄마도
방황하고 있다

　혼자 노는 엄마로 유명한 나는 문화센터도, 엄마들 모임도 아닌 놀이터에서 유명해졌다. 처음부터 놀이터를 아이와 단둘이 맴돌던 건 아니다. 하루 종일 아이와 같이 있다 보면 콧바람도 쐬고 싶고, 옆집 엄마들의 스케줄이 궁금해 미칠 지경이었던 나도 카페 엄마들 모임에 나가서 내가 과연 제대로 육아를 하고나 있는지 검증 아닌 검증도 받아보고 싶었다.

　그런데 내가 아는 카페 엄마들은 생각보다 육아의 방법을 몰라 헤매고 있었다. 나와 마찬가지로 그들도 검증을 받고, 우울한 시간에 수다도 떨고 외롭지 않은 육아를 하고 있노라 서로 위로를 받으려 나왔던 것이다.

　오늘 만난 이야기는 지난주에 했던 이야기와 똑같고, 시댁 이야기 아니면 오늘 아이들에게 무얼 먹였나가 주된 이야기의 골자이긴 하다.

그러다가 '초록마을'이니 '한살림'이니 새로 나온 유기농 과자가 아토피에 예민한 아이에게 좋으니 그걸 먹여봐라, 아토피 피부용 크림이 나왔으니 그걸 써봐라 등 이야기는 어느새 공동구매로 이어지는 날도 있다.

나는 내 아이에게 이런 것 하나 못 해주고 있었구나 하는 자책감도 들고, 나만 아이에게 신경을 못 써주고 있나 싶어 어떤 날은 나 자신이 초라하고 무심한 엄마로 비춰지기도 했다. 그래도 어쩐지 엄마들 모임에 빠지고 싶지 않았다. 그마저 없으면 나와 아이는 우주에 단둘이 떨어진 운석처럼 헤매고 헤매다 어딘가에 툭하고 떨어질 거 같은 불안감이 있었기 때문이다.

그런 불안함과 두려움은 나를 도와줄 엄마가 어딘가에 있지 않을까 하는 빛줄기 같은 희망으로 엄마들을 찾아다니게 했다. 그런데 이상하게도 찾으면 찾을수록 잘난 엄마들은 쉽게 보이지 않는다. 그러다가 첩보원처럼 얻은 잘난 엄마들의 정보를 알아내 그 엄마들이 자주 간다는 문화센터나 키즈 카페에 가서 만남을 이어나가는 기회를 얻었다.

하지만 기회를 얻었다 한들 나와 마음이 맞지 않으면 또다시 더 좋은 엄마들을 찾아 헤매야 한다. 마치 '엄마 사냥' 같다.

그러다 운 좋게도 나는 마음에 맞는 엄마를 찾아냈다. 정말이지 행복했다. 그날 하루는 그 엄마를 만나 아이 개월 수와 집을 알았고, 다음 날은 그 엄마가 좋아하는 음식과 아이의 발달과정에 맞는 교육을 어떻게 하고 있는지 벤치마킹을 할 수 있다는 생각에 잠이 오질 않았다.

하루가 가고 한 달이 그렇게 지나고 나니, 우리 아이는 벌써 저만큼 자라 있었다. 나는 내 아이는 보이지 않고 일단 엄마라는 친구를 만난 행복감에 하루를 마감하고는 했다.

그런데 뭔가 이상하다. 그날이 그날 같다. 그리고 그 엄마 역시 또 다른 엄마가 없나, 만날 엄마가 없나 헤매고 있는 것이 보였다. 본인 의지대로 아이를 키우는 것이 아닌 또 다른 엄마의 습관이나 옆집 엄마가 말해준 방식을 아이에게 적용하며 내게도 같은 방식을 제안하는 것이 아닌가. '이렇게 엄마는 배워 가는 거구나.' 하고 단정 지으면서도 내 아이는 기다려 주지를 않을 거라는 생각은 쉽게 들지 않았다.

하루는 마음 맞는 그 엄마가 초대를 했다. 아이와 단둘이 새 옷으로 갈아입고 참외도 한 봉지 사가지고 가서 그 아이 집이며 환경을 둘러보고 많은 것을 따라 하고자 눈이 바빴다. 평소에 아이에게 친절과 배려를 행동지침으로 삼고 나름 아이를 잘 키운 엄마라 자부심을 갖고 있던 터였기에 더욱 마음을 의지했다. 그 엄마는 아직 시도도 해보지 않은 돌 지난 아이에게 맞는 '호비는 내 친구'라는 유아 발달 프로그램도 소개시켜주고 새로 나온 장난감이며 교구 등을 소개해 주었다.

이것도 해보고 저것도 해보며 많이 해보는 것이 중요하다며 많은 것을 알려주려는 의도가 고맙기까지 했다. 그러다가 순간 기가 막힌 일이 터지고 말았다.

그 엄마가 화장실에 들어간 사이, 장난감을 가지고 놀던 재희가 그집 아이에게 따귀세례를 받은 것이다. 분명 내 앞에서 일어난 일이건

만 나는 막을 틈도 없이 아이가 당하는 것을 보고 있을 수밖에 없었다. 화가 나고 짜증도 나고 어이없는 순간을 어떻게 대처해야 하는지, 어서 그 엄마가 나와서 수습을 해주리라 믿었건만 상황이 어찌 된 거냐며 묻기만 할 뿐 당황하기는 마찬가지였다.

억울했다. 내가 그럴진대 아이 마음은 오죽했으랴. 부랴부랴 그 집 아이와 엄마에게 섭섭한 마음만 가득 안은 채 집으로 돌아왔다. 돌아오며 내가 생각한 것은 이 세상에 완벽한 엄마도 없지만, 내가 부러워할 만한 이웃집 엄마는 더더욱 없다는 것이다.

아이가 하나라 남부러울 것이 없이 키울 것이라며 자신감과 큰 포부를 마음에 두고 사는 엄마는 아이의 사회성에는 별다른 관심이 없는 듯했다. 내가 너무 일찍 단정 짓는 건 아닐까 생각했지만, 후에 다른 엄마들이 그 엄마와 어울리지 않는 걸 보며 나는 내 생각이 옳았음을 다시 한 번 느낄 수밖에 없었다.

"언니, 뭐 해요?"

일주일에 두어 번은 대문에서 나를 부르는 소리. 성원이 엄마는 아침 일찍 나의 집을 자주 찾아오고는 했다. 대부분 그 시간은 10시경이다. 신랑이 아침을 먹고 출근하면 전날 아이와 씨름하느라 비몽사몽으로 일어난 나는 눈도 제대로 못 뜨고 문을 열어준다. 아침도 안 먹고 왔는지 한 손에는 제과점 빵 봉지도 들려 있다.

어떤 일로 왔는지 나는 묻지 않는다. 아침에 일어나자마자 아이와

TV 보는 일 외에는 할 일이 없다고 생각하는 엄마라 그러려니 했다. 재희가 잘 동안 나는 그 엄마의 일상을 들어주고 책육아에 대해서 주저리주저리 이야기해주고 12시가 넘어가면 일어난 재희와 함께 밥을 먹는다. 그리고는 밖으로 나갔다.

우리 넷은 또 이런저런 놀이를 하며 수다를 떨고 집으로 들어온다. 순간 이건 아닌데 하는 생각이 들어 성원이 엄마에게 조심히 부탁했다.

"아침에 너무 일찍 오는 거 아니야? 그 시간에 나는 자고 싶은데……. 조금만 더 늦게 와라, 응?"

"그래. 알았어, 언니. 그런데 언니가 어떻게 지내는지 궁금하단 말이지. 책육아를 어떻게 하는지 궁금해서 그래"

"책육아는 너도 하는 거잖아!"

"아니, 언니 하는 거 보면서 따라 하려구, 다음엔 늦게 와서 조금 늦게 가지 뭐!"

그 순간, 아뿔싸 싶었다. 나는 성원이 엄마가 나와 나란히 책을 통한 육아를 하며 언젠가는 나 또한 그 엄마에게 많은 것을 배우리라 생각했다. 하지만 나는 이미 그 엄마에게 많은 것을 앞서가는 이웃집 엄마였나 보다. 그 말을 듣는 순간부터 나는 부담을 느끼기 시작했다. 섣불리 그 누구에게라도 나의 육아관과 육아방법을 함부로 단정 지어 말하면 안 되겠다는 생각을 하게 된 것이다.

나 역시 아이가 돌이 지나 이제 막 배우고 익히는 엄마이고 나의 육아관을 확립해나가는 과정이라 생각하며 지내는데 마치 내가 하고 있는 방법들이 정답이라도 되는 듯, 확신에 차서 만나는 엄마들마다 가르치는 입장이 되어서는 곤란하다는 생각이 들었다.

말 그대로 나 역시 방황하는 시기였다.

지금 하고 있는 오늘의 육아가 자신이 없을 때, 때로는 놀이터에서 만난 마음 맞는 엄마를 따라 그날 하루를 잊고 싶을 때가 있다. 마음껏 놀고 웃으며 하루의 피곤함을 잊는 것이다. 어떤 날은 나보다 연륜도 있고 집도 경제적으로 여유로운 엄마를 만나 일상의 이야기와 함께 사는 것의 여유로움을 따라 하고 싶을 때도 있다. 그때만큼은 아이도 나도 보이지 않고 여유로운 그 엄마의 생활만이 보이므로 그 존재만으로도 나의 스트레스는 온데간데없이 사라진다.

하지만 모든 것은 뒤집어봐야 안다. 어쩌면 아이를 사랑하고 훈육하는 면에서는 내가 더 나을 수도 있고, 아이 마음을 읽고 공감해주는 능력은 내가 더 뛰어날지도 모르는 것이다. 내가 누군가에게는 부러움의 대상이 되는 옆집 엄마일 수도 있다는 이야기다.

가끔씩 날을 정해놓고 만나서 나를 잊고 활력을 되찾는 만남이라면 좋겠지만, 시시때때로 옆집을 기웃거리는 일은 조심해야 할 일이다. 설사 그 엄마가 어서 오라고 양손을 펼치고 반기더라도 더욱더 내 아이와 나만의 시간을 충분히 지내고 난 뒤 생각해 볼 일이다.

우리는 기억해야 한다. 옆집 엄마도 방황하고 있다는 사실을……

한 가지라도
아이에게 투자하라

"언니, 어서 건너와 봐! 프뢰벨 선생님이 지금 오시기로 했어!"

오후 5시를 넘어서 전화를 받을 때 나는 재희를 안고 침대에 누워 잠에 취해 있었다.

"어? 어! 알았어. 재희 깨면 바로 갈게!"

그 누구보다 책을 좋아하는 나다. 재희가 6개월을 맞아갈 즈음 전집을 제대로 구입하기 시작했다. 코엑스에서 구입한 여원미디어 전집이 아직 도착도 하지 않았고, 웅진에서 나온 '마술피리 꼬마'를 이제 신청해 두었는데 또 프뢰벨 전집을 찾아 헤매고 있었다.

모든 독서광들이 리더가 되는 것은 아니지만 많은 리더들은 독서광들이다. 집에 책이 많은 환경에서 자랐다고 해서 모두 영재로 자라는 것은 아니지만, 감성 영재든 지적 영재든 본인이 원하는 것을 하는 사람들을 보면 책을 많이 읽고 자란 것은 사실이다.

그 환경의 첫걸음은 무엇보다 부모의 선택이 아닌가 하는 생각에 책은 마음껏 읽히고 싶었다. 사실 이즈음은 아이가 백일도 안 되었지만 들인 책이 부족한 상태였다. 종일 누워 있는 아이에게 20권 이상의 책을 읽어주고 나면 읽을 책이 없다는 것은 겪어본 사람은 알 것이다. 백일이 안 된 아이에게 읽어주는 책은 얼마 정도의 양을 빼면 글자 수는 많지 않기에 무엇보다 양적으로 많은 책을 필요로 한다.

건너편에 사는 도율이 엄마가 날 부른 지 한 시간 만에 재희도 일어나고 밥도 대강 먹어서 책 사냥을 나갈 수 있었다. 영업사원 선생님이 가지고 오는 알록달록한 책 광고 전단지는 언제나 나를 흥분시킨다. 아이는 둘째치고 먼저 읽는 사람은 나이기에 내 마음에 드는 색감과 내용을 고르는 일이 아직도 내겐 신이 나는 일이다.

그 커다란 블로셔를 펼쳐놓고 내 아이가 그 책속으로 떠날 여행을 상상하며 마음껏 선생님들의 이야기에 귀를 기울이는 것은 정말이지 행복한 일 중에 하나였다. 그 사냥을 하러 아이를 안고 바쁜 걸음으로 달려갔다.

그러고 보니 딱 이맘때다 싶다. 춥지만 봄 맞을 준비를 하는 2월 어느 날이다. 그 집에 도착하니 드라마가 켜져 있다. 장서희가 열연하는 '아내의 유혹'이었다. 웬일인지 이날따라 선생님은 늦게 오시는지, 이때 울리는 전화벨 소리가 쩌렁쩌렁하다.

그런데 선생님이 아니고 신랑이다. 신랑이 퇴근할 시간이 다 되어 가는지도 모르고 늦게까지 남의 집에서 책 사냥을 하고 있을 게 뭐람.

"어,디,야?"

"도율이네 집이지! 그런데 추워? 왜 그렇게 떨어?"

"어서 들어와……."

"나 아직 할 일이 있는데, 조금만 늦게 들어갈!!"

"아니, 지금 와! 집에 도둑 들었어!"

순간 아찔했다. 내 집에 도둑이 들다니 말도 안 된다. 책이고 뭐고 아이를 어떻게 집어 들어 아기 띠에 넣었는지 기억조차 나질 않는다. 신발을 허둥대며 신다가 아기 띠 무게에 앞으로 넘어질 뻔했다. 스산한 바람이 부는 어두컴컴한 저녁에 15분 정도의 거리를 땀범벅으로 5분 만에 달려간 것 같다.

집안은 말 그대로 쑥대밭이었다. 찬장과 장식장의 내용물들이 어수선하게 널려 있고 옷가지며 이불 등이 엉망으로 펼쳐져 있었다. 내가 누워 자는 침대를 누군지도 모르는 침입자가 손을 댔다고 생각하니 꺼림칙하고 앞으로 계속 살 수 있을지가 의문이었다. 이때 나는 아이의 백일반지와 결혼 폐물을 몽땅 잃어버렸다.

세상에, 그 모든 것을 팔아 책을 샀더라면!

내가 빈털터리가 되고서도 책을 사는 모습을 보며 주변 엄마들은 혀를 차기도 하고 한숨을 쉬기도 했다. 하지만 내게는 그 누구도 건드릴 수 없는 강한 의지 하나가 있었다.

내가 빈털터리가 되었다고 길가에 나앉는 것도 아니고, 먹을 것이나 입을 옷이 없는 것도 아니지 않는가. 돈이 생기고 집이 생기고 안정이 되어 아이에게 책을 사준다는 것은 어불성설이다. 그런 이유라면 그 모든 것을 이루었다고 해도 내 아이는 세월을 기다려주지 않을 것은 물론이고, 또 다른 환경의 변화로 인해 책을 사주는 일은 생기지 않을 것이다. 모든 것은 마음먹기 나름이다.

대신 나는 다른 것에서 아끼는 모습을 보였다. 나를 당분간 꾸미지 않을 것. 미용실 가는 일은 없어졌고 옷 사는 일이 줄었다. 또한 아이 옷이나 육아용품에는 돈을 들이지 않았다. 비싼 유모차로 잠깐 보내는 시간에 거금을 투자하지도 않았고 유행을 타는 엄마들이 좋아하는 육아용품은 알지도 사려고도 하지 않았다. 또 있다. 장난감을 사주지 않은 것이다.

장난감을 한 번 사주지 않음으로 해서 얻는 효과는 컸다. 한 번 사지 않는 습관을 들이자 시리즈물로 무엇을 연달아 살 필요도 없었고, 집은 지저분했지만 집안 모든 곳이 아이의 놀이터이고 살림살이가 장난감을 대신했다.

아이를 키우면 때로는 대범해지고 용감해진다. 대범해지고 당차지는 것이 어쩔 수 없는 변화이기는 하지만 그 변화를 제대로 직시하고 집중할 때 엄마는 많은 일을 할 수 있다. 그 집중이 내겐 책으로 시작되어 책육아로 발전했지만, 그 집중이 운동이라면 운동선수로 피아노라면 엄마는 아이를 피아니스트로 키울 수 있다고 본다.

피겨스케이팅 선수로 이름을 날린 김연아 선수의 어머니 박미희 씨는 《아이의 재능에 꿈의 날개를 달아라》에서 다음과 같이 말한다.

"가계에 들어가는 모든 지출은 스케이트를 중심으로 재편되어야 했다. 레슨비 이 외에도 스케이트용품 등 초기부터 들어가야 할 돈은 만만치 않았다. 나는 최소한의 지출만 남겨놓고 나머지 돈을 모두 연아 쪽으로 몰았다."

아이에게 경제적인 부분 이 외에도 박미희 씨는 본인의 시간도 투자했다.

"나는 독하게 마음먹고 내 개인시간을 모두 포기했다. 동창회, 아파트 모임, 친구들 모임은 물론이고, 다니던 문화센터도 정리했다. 그림 그리는 것은 좋아해 뒤늦게나마 화가의 꿈을 키우며 열심히 다녔건만 어쩔 수 없었다."

세계 제일의 선수를 길러낸 어머니도 본인의 시간을 포함해 어느 정도의 투자는 과감하게 밀어붙였다. 희생이라 해도 좋고 부모로서의 의무감이라 해도 괜찮다. 내 아이를 위해서 투자는 반드시 필요한 부분이다.

어느 비 오는 날, 블로그에 비밀 댓글이 올라왔다.

집에 그렇게 책이 많아 좋겠다느니, 참 열심히 교육을 한다느니 칭찬을 해주는 것 같아 내심 기분 좋게 읽다가 이내 바깥에 내리는 비만큼이나 울적해지고 말았다. 대체 돈이 어디서 그리 나느냐는 것이다.

평생 그리 책을 사주다가는 가정 경제가 폭탄을 맞을 걱정에 본인은 엄두도 나지 않는다고 했다.

물론 어느 집에서는 책값이 부담이 될 수도 있을 것이다. 하지만 나는 시기의 중요성을 강조하면서 무리는 하지 말라고 글을 쓰며 짧은 대화를 마쳤다.

나 역시 처음엔 싼 책, 비싼 책의 기준을 잡지 못했다. 그저 싼 것도 좋다는 생각을 했을 뿐이다. 그러다 아이가 무엇이든 입으로 가져가는 시기가 왔을 때, 생각의 틀을 깼다. 아이가 밤톨만한 주먹을 침을 흘려가며 본인의 입으로 꾸역꾸역 넣고 있는 모습을 보니 그다음에는 덜컥 겁이 났다.

닥치는 대로 무엇이든지 물고 빨아보며 탐색의 시기를 거칠 텐데, 싼 잉크로 인쇄된 종이를 먹는 일이 도무지 상상이 가지를 않았다. 누가 보고 어디서 보관되었을지 모르는 중고 책은 더욱더 살 생각을 하지 않았고 아이가 처음 접하는 책은 걱정 없이 장난감처럼 물고 빠는 좋은 재질을 택하게 되었다.

또 한 가지는 글의 맞춤법이다. 아이가 물고 빠는 시기를 거쳐 책으로 한글을 떼어 갈 즈음 맞춤법이 엉망인 책을 몇 번 경험하고는 책을 고를 때 이름 있는 출판사와 감수 등을 눈여겨보게 되었다. 한 번은 책한 질 전체에 맞춤법이 잘못된 책이 세 권이나 있어서 아예 출판사에 전화를 걸어 따져 묻고는 시정할 것을 요구했다.

아이가 어린 시절에는 되도록 제대로 된 책을 읽어야 한다. 본인의 책이 어릴 적부터 있던 아이들이 도서관에서 빌려온 책도 잘 본다. 처음부터 남의 책을 읽은 아이가 책을 소중히 잘 볼 리 없다.

깨끗한 책, 내용이 탄탄한 책은 어릴 때부터 습관적으로 읽어주어야 한다. 간혹 책값으로 고민하는 엄마들을 볼 때 안타까운 마음이 든다. 평생을 따라다니며 새 책을 사주라는 이야기가 아니다. 또한 비싼 책만 보여주어야 한다는 이야기는 더더욱 아니다. 적어도 아이가 어릴 때만큼은 책에 투자하라고 말하고 싶다. 아이가 책을 사랑하고 책으로 자라면서 많은 것을 알고 나면, 그 가치는 몇백 배로 돌아온다는 것을 알았으면 한다.

2장

엄마수업

준비된 엄마

임신과 태교법부터
이해하라

우리나라는 예로부터 임신과 태교를 중요시하는 문화였다. 지금은 다 지켜지지 않지만, 몸에 좋은 행동거지를 비롯해 좋은 음식을 가려 먹을 것을 주로 강조해 왔는데, 태내 아이도 아이이지만, 임신한 엄마의 마음가짐이 편하고 즐거워야 하는 데서 오는 조상님들의 지혜와 배려라는 생각이 든다.

임신이라는 것이 어디 한 아이의 생명만 잉태하는 것에 그치는 것인가. 앞으로 태어날 그 아이의 식습관, 성향, 기질을 열 달 만에 엄마가 만들어야 하니 나는 내가 대단한 사명을 가졌다고 생각했다. 물론 겁도 났지만, 되도록 태교에 신경 쓰면서 말 한 마디 행동 하나하나에 조심을 기했다. 많은 육아서를 쌓아두고 맛난 것을 골라먹으며 열심히 태담을 하던 때가 생각이 난다.

한 번은 신랑이 밤늦도록 작은 방에서 컴퓨터에 빠져 있었다. 임신을 하고 나서는 내 생활이 더 중요하니 신랑의 일거수일투족을 지켜보는 일은 한 걸음 뒤로 물러난 상태였다. 임신을 하고 나니 유난히 밤에 잠이 오지를 않는다. 배도 고프고 하여 신랑에게 부탁했다.

"신랑, 나 김밥이 너무 먹고 싶어."

"어?"

"그거 알지? 내가 먹고 싶은 것이 아니라 태솔이가 먹고 싶은 거라는 것!"

그랬다. 정말 내 입이 아니라 뱃속에서 꼬르륵 소리가 나니 뱃속 아이가 먹고 싶은 거라는 확신이 더 들었다.

"너, TV 드라마에서 나오는 거 따라 하는 거지?"

세상에! 나는 먹고 싶다 하면 냉큼 나가 사올 줄 알았는데 농담이나 던지고 있는 신랑이 야속했다. 물론 신랑은 농담이라며 일어나서 김밥을 사오기는 했지만, 나의 서운함은 꽤 오랫동안 갈 것 같았다. 그때 나는 신랑이 나가자마자 뱃속 태솔이에게 말했다.

"엄마가 김밥 정말 먹고 싶었는데, 아빠가 저런 농담을 해서 너무 섭섭하네. 내일이면 말이야, '김밥천국'에 가서 김밥 세 줄 엄마랑 배 터지게 먹자!!"

신랑이 야속하긴 했지만 뱃속 아이에게 나의 서운함이 남아 있지 않도록 나름대로 태담을 나눈 것이다. 그것도 웃어가며 나의 기분을 업시켜 가면서 말이다.

아이가 느끼는 감정은 대부분 엄마의 감정이다. 올바른 태교란 아이에게 나쁜 나의 감정이 가지 않도록 걸러주는 것. 내가 하고 싶지 않은 것을 굳이 할 것이 아니라 내가 좋아하는 것들을 끌어당기고 아이에게 실어주는 것이다. 이 연습은 아이가 태어나도 줄곧 보여줄 수 있었다. 나의 나쁜 감정들, 나쁜 습관들을 내 선에서 걸러주겠다는 것이 태교를 하며 길러졌다. 그래서 나는 태교의 중요성을 많은 엄마들에게 강조한다.

임신했을 때 아빠들은 정말 잘해야 한다. 비록 엄마가 태교를 열심히 하고 자신에게 좋은 감정만 유지하려 하지만 주변에서 도와주지 않는다면 힘이 들기 때문이다. 예민한 산모에게 농담을 해도 적당히 해야 할 것이며, 먹고 싶다는 것이 있다면 조금 무리를 해서라도 성심성의껏 아내의 입맛을 맞춰주면 좋겠다. 입덧으로 고생하는 몇 개월, 그 몇 번의 횟수로 더 큰 보상을 받을 테니 말이다.

임신을 겪은 우리들은 그때의 추억을 잊지 못한다. 그때 먹고 싶었던 음식들과 신랑의 배려는 후에도 그 음식이 좋고 나쁨에도 영향을 미친다는 사실을 아빠들은 알까?

아이의 발달 과정을
공부하라

임신과 태교를 무사히 마친 엄마들은 아이를 순산하기만을 기도한다. 다른 것은 둘째치고 몸만 건강하기만을 아무 조건도 없이 빌고 또 빈다. 분만실에 들어가는 엄마는 이 세상에 내 목숨이 다시 돌아오기를 빌면서도 그 어떤 것보다도 아이의 건강한 순산이 먼저다.

자연 분만이 좋으니 제왕절개가 좋으니 그 앞에서는 문제가 되지 않는다. 건강하게만 태어나면 행복한 육아의 시작이다. 하지만 아이가 무사히 태어나면 그만이라는 생각으로 건강하게 태어난 아이에게 더 좋은 환경을 제공할 기회를 놓치면 정말 안타까운 일이다.

우선 아이는 태아 때부터 소리를 들을 수 있다. 임신 5개월이 지나면 엄마의 몸에서 나는 소리, 진동 등을 느끼고 몸에 익숙한 상태로 저장해두며 8개월부터는 소리의 높낮이도 구분할 수 있다.

특히나 낮고도 안정적인 목소리를 좋아하는데 아빠의 태담을 좋아할 거라는 이야기는 틀린 말이 아님을 알 수 있다. 또한 아이는 태내 7 개월이 넘으면서 냄새를 맡을 수 있다. 이때 뱃속에서 맡았던 냄새는 아이가 태어나고도 기억을 한다고 하니 아이들은 천성적으로 누구나 천재로 태어난다는 말에 전적으로 공감한다.

가끔씩 재희가 좋아하는 냄새를 이야기할 때마다 나는 이렇게 대답해줄 때도 있다.

"기억 안 나? 그건 뱃속에서부터 네가 좋아하는 냄새였어."

아이가 태내에서 15주만 지나도 미각이 완성되기 시작하고, 만삭 때는 양수에 섞인 물질 중 맛이 있는 것과 없는 것을 구분한다고 하는데 밖으로 나오자마자 엄마젖을 먹어야 하는 아이이게 필요한 자연의 섭리로 느껴진다.

내가 임신했을 때 먹었던 달달한 감이나 새콤달콤하게 느꼈던 아오리 사과를 유난히 좋아하는 재희를 보면 혼잣말을 하고는 한다.

'네가 내 뱃속에 있을 때부터 넌 이미 이 맛을 알았던 거야……'

엄마가 배를 만지면 아이는 과연 피부로 느낄 수 있을까? 태내 아이가 6개월이 넘으면 태아의 뇌는 촉각에 반응을 한다고 한다. 따라서 엄마가 배를 만질 때마다 피부와 뇌의 신경망이 작용해 그 느낌은 뇌에 전달된다. 엄마가 해주는 스킨십은 아이가 뱃속에 있을 때이건 태어났을 때이건 아이의 인격발달과 정서 발달에 빼놓을 수 없는 역할을 하는 것이다.

마지막으로 아이의 시각 발달은 어떨까? 분만실에서 처음 세상을 마주하는 아이는 우선 빛에 민감하다. 뱃속에서는 이미 명암만을 구분하지만 실제 아이가 태어나고 얼굴을 가져가면 아기는 같은 표정을 짓는다. 시간이 흐르면 아이는 많은 표정을 구분하겠지만, 이는 태어나면서부터 아기는 우리가 생각하는 것보다 더 잘 볼 수 있다는 것을 설명해준다.

또한 아이들을 엎어 키우는 것도 시각을 넓혀주는데 한몫을 한다. 재희가 목을 가누고 나서는 엎어서 자주 두었더니 목의 힘도 더 생기고 팔 근육도 또래에 비해 튼튼하게 발달했다. 아이가 엎어서 바라보는 시야는 자칫 평평한 땅만 보일 수 있기 때문에 초점 책을 색깔별로 세워 놓아 입체적으로 보이게 해주었고, 위험한 물건이 아니라면 좀 더 일찍 아이에게 보여주고 싶어 눈앞에 세워두었다.

영업사원이라는 직업을 하면서 나는 책 파는 것보다 엄마들에게 아이의 발달과정이나, 엄마의 심리 상태를 들어주는 것에 더 많은 보람을 느꼈다. 왜 책은 팔지 않고 삼천포로 빠졌는지 그때는 마음이 따르는 대로 행동했지만, 그 결과는 더욱 나를 빛나게 해주었다. 책을 팔았음은 물론이요, 엄마들과 친분까지 쌓으면서 앞으로 내가 하고 싶은 일들을 찾았기 때문이다.

때로는 이제 막 아이를 낳은 엄마들이 있는 산후조리원에 가서 강의도 했는데 반응이 꽤 괜찮았다. 이때에는 아이의 발달과정 중 아이가 구분하는 색에 대해서 많은 설명을 하고는 했는데 퀴즈를 접목시켜 알려주니 엄마들이 오랫동안 기억에 남는다며 좋아했다.

아기가 그 많은 색 중 제일 먼저 구분하는 색은 뭘까? 가장 좋아하는 색이라고 말할 수도 있지만, 아이의 발달 과정상 제일 먼저 보이는 색이니 구분하는 색이라고 봐야 옳을 것이다. 아이는 파스텔보다는 원색에 반응을 보이며 그중에서도 빨간색은 제일 먼저 오랫동안 바라본다고 한다.

오랫동안 바라본다는 것은 알아본다는 것이고 그것을 오랫동안 응시하며 아이의 두뇌는 부지런히 움직이며 시냅스를 만들 것이다. 우리가 흔히 말하는 아이의 두뇌가 좋아지는 것이다. 나는 조리원에 있는 엄마들에게 집으로 돌아가면 제발 옷을 다양하고 알록달록하게 입으라고 조언해주었다.

왜 엄마가 되면 우리는 목 늘어진 무채색의 옷을 입거나 어두운 옷을 입게 되는지 모르겠다. 쉽게 더러워지는 걸 염려하는 겨울철 한국 사람들의 외투 색과 비슷하다고 봐야 하나? 아무튼 이 멘트도 날려주면 까르르 웃던 앳된 엄마들도 생각난다.

조리원에서 만난 엄마를 한 달 만에 만나러 가본다. 나와 처음에 같이 웃으며 만들었던 그 모빌이 천장에 달려 있는 걸 확인하며 차도 마시고 정신없는 육아 이야기로 행복한 시간들을 보내고 온다. 그러다 구입한 책으로 인해 한 달 뒤 방문하면 나는 여지없이 놀라고 만다. 여전히 한 달 전 흑백 모빌이 그대로 걸려 있고, 아이는 같은 자리에 누워서 나를 바라보고 있기 때문이다. 반가운 것은 한순간이고 안타까운 마음이 앞서는 것을 숨길 수 없다.

아기는 색을 구분하기 전 명암을 구분한다. 혹자는 태어날 때부터 색깔을 구별할 수 있다고도 하지만 어쨌든 검은색과 하얀색의 초점 책이나 모빌이 이 시기 발달에는 자극을 주기 좋다.

하지만 한 달에서 두 달 사이에는 충분히 아기가 색깔을 구분할 수 있음에도 여전히 엄마는 흑백 모빌을 달아놓고 아이의 변화를 눈치 채지 못한다. 하물며 같은 자리에 누워 있는 아기의 환경마저 늘 같다면 누워서 아까운 시간을 보내고 있는 게 아니고 무얼까 싶다.

엄마가 되면 그 누구보다도 아이의 반응을 살펴야 한다. 엄마가 키우지 않고 할머니나 또 다른 양육자라도 아이의 발달과정은 늘 관찰 대상이 되어야 한다. 그것이 영재를 위한 교육이 아니라 해도 아이의 인격과 감성 발달에도 큰 영향을 주기 때문이다.

아기가 영유아 시절을 거치면서 엄마는 공부해야 하는 양도, 분야도 늘어난다. 아이의 신체적 발달과정을 이해하고 나면 어김없이 감성적인 부분에도 부딪히게 되는데 이 역시 매일 꾸준히 노력하면 아이의 마음과 눈빛을 읽어주는 공감대가 풍부한 엄마로 성장할 수 있다.

아기가 돌 이전의 이유기를 거칠 때는 대화가 아닌 울음과 몸짓으로 표현하는 아이 마음을 알아야 한다. 울음소리가 어떻게 다른지, 기분이 어떨 때 좋은지, 어떤 사물을 겁내고 좋아하는지 엄마는 단번에 알아낼 수 있어야 한다. 그래야 아이가 애착육아를 발판으로 세상을 긍정적으로 바라볼 수 있기 때문이다.

그러다 3세를 전후로 첫 반항기가 찾아오는데 많은 엄마들이 이즈음에서 육아에 지치는 듯하다. 나 역시 두 아이를 키우며 반항기를 겪었다. 어제 좋았던 옷이 오늘은 싫고, 어제까지 그토록 잘 먹던 반찬이 오늘은 세상에서 제일 싫단다.

게다가 하루 종일 달고 사는 "싫어, 몰라, 안 해!" 이 삼단 콤보는 이 시기에 제일 많이 듣는 거북스런 단어들이다. 하지만 이때 반응해주는 우리 엄마들의 반응은 그다지 좋은 해결책은 못 되어주는 것 같다.

"또 시작이다. 또."

"혼나려고 그러는 거지 너! 대체 왜 그러니!"

"몰라, 네가 알아서 해, 엄마 간다!"

나 역시 이런 말이 전혀 안 나오지는 않는다. 그 숱한 반항의 날들을 어찌 곱디곱게만 말 대응을 해주겠는가. 때로는 한숨도 나오고 때로는 어이없어서 아이 손을 놓고 먼저 가는 시늉도 해보았다. 하지만 아이의 마음은 읽을 수 있다. 본인도 모르는 그 어린아이의 마음을……

한 심리학자의 말에 의하면 이 시기의 아이의 마음은 아기와 어린아이의 심리적 갈등 사이에 놓여 있다고 한다. 본인이 아기 같으면서도 더 이상 아기가 아니고, 무엇이든지 혼자 할 수 있는 어린아이로 자란 것 같은데 때로는 한계에 부딪혀 자존심이 상한다는 것이다.

문득 내가 어릴 때 나의 엄마는 어떤 반응을 해주셨나 생각을 해본다. 그 시대의 엄마들이 그렇듯 좋은 반응을 기대하는 것은 무리인 것도 알겠고, 그래서 나의 무의식이 문득문득 반응해서 욱하는 성격이 올라오기는 하지만 그래도 나는 아이의 마음을 알아서 다행이다 싶다.

안 그래도 욱하는 성격에 이마저도 알지 못했다면 어땠을까? 정말 육아서적을 미리 보고 공부해 둔 것이 그나마 아이들을 위해서도 다행이다. 이때는 아이의 뜻에 따라가는 게 정답인 것 같다. 조용히 아이가 하는 행동을 바라보고, 이야기를 공감해주고 정해진 규칙 안에서 설명을 잘해주면 이내 또 꼬리를 내리는 아이를 보게 된다. 기다려주고 공감해주는 엄마는 그래서 어렵다.

육아서를
끼고 살아라

엄마가 되기 전 읽은 육아서와 엄마가 되고 나서 읽는 육아서는 차이가 있다. 엄마가 되기 전 태교를 하며 읽었던 육아서가 이론이라면, 아이를 키우며 읽는 책은 말 그대로 실전이기 때문이다. 물론 아이를 낳기 전 책을 읽어가며 미리미리 준비하는 과정은 청사진을 그려보고 대비를 하는 것이니 미리 읽어두는 것은 많은 실전에 도움이 된다.

하지만 육아를 하고 나서는 더욱더 육아서를 손에서 놓치지 말아야 한다. 그렇지 않으면 아이를 키우며 부딪치는 일이 생길 때마다 쉽게 좌절하거나 화를 내기도 하고 결국 스트레스를 견디다 못해 또 이웃집 엄마를 찾아나서는 악순환이 반복되기 때문이다.

아이를 키우는 과정은 단시간에 끝나는 학습이 아니다. 아이를 키우며 엄마 역시 성장해가는 과정이기 때문에 엄마만의 확실한 육아관이 없다면 순간마다 무너지기 쉽다. 그 육아관과 가치관은 많은 선배 맘들의 경험과 노하우로 만들어지는데 그 많은 선배 맘들을 어찌 다 만나고 다니겠는가. 선배 맘들뿐만 아니라, 확실하게 증명되고 인정받아 온 육아법을 연구하고 공부하는 전문가들의 조언과 위로를 우리는 일일이 쫓아다니며 들을 수는 없는 일이다.

육아서를 읽으며 하루를 시작하는 일. 그날 읽은 사례나 상황이 아직 나에게 맞는 일이 일어나지 않았다 해도 미리 읽어두고 가슴속에 새겨두는 일은 아이를 키우는 엄마만의 의무이자 특권이라 생각한다. 그러다 지금 내가 처해 있는 상황에서 스트레스를 받거나 고민하고 있을 때 그 고비를 현명하게 이겨낸 사례들을 읽어보면 얼마나 힘이 나는지 모른다.

우리가 알고 있는 유명한 육아 전문가들, 미리 아이를 훌륭하게 키워낸 육아강사들 역시 책으로 그 자리를 이어온 것이다. 수백 권의 육아서를 읽으며 자신들만의 노하우와 조화를 이루어 훌륭하고도 굳건한 육아관들이 탄생한 것이다. 육아서는 엄마에게 육아관만 심어주는 게 아니다. 우리가 몰랐던 아이들의 심리를 미리 알 수 있으며, 왜 우리가 육아에서 방황하고 힘들어하는지 방향을 일깨워 줄 때가 있다.

처음에 누구나 겪게 되는 방황을 육아서를 통해 치유하고 힘을 얻는 일은 오늘보다 더 나은 내일을 위해 아이와 준비하는 즐거운 과정이다. 나는 국내외의 유명한 육아서들을 정말이지 마르고 닳도록 읽었다. 빌려서 읽는 책이 아니라 내 돈 주고 사서 줄도 치고 동그라미도 마구 그려가며 내 가슴속에 새겨질 때까지 소리 내어 읽어본 뒤, 지면 귀퉁이를 접어두기까지 했다. 언제 또 방문할지 모르는 나의 부정적인 내적불행이 슬금슬금 기어올 때 한 줄씩 읽어가며 물리칠 수 있도록 말이다.

시간의 가치란 자신이 어떻게 활용하고 쓰느냐에 따라 달라진다. 시간이 없어서 책을 못 읽는 것이 아니라 책을 읽을 마음의 준비가 되어 있지 않기 때문에 책 읽기가 힘들어질 때가 있다. 몰입과 집중을 습관화해서 짧은 순간이라도 나의 마음을 달래주고 따뜻하게 감싸주는 시간을 가져야 한다.

엄마들에게 육아서를 읽어보라고 권유를 할 때마다 종종 이런 말을 듣는다.

"선생님이 읽어보고 나중에 요약해 주세요!"

"애 볼 시간도 없는데 무슨 육아서를 읽어요!"

"육아서가 정답도 아닌데 무슨……."

물론 엄마들을 만나며 이야기해주는 나의 상황들은 내가 아이를 겪으며 지내온 이야기들이 대부분이다. 그 안에서 나름 시행착오를 겪으며 답을 찾았다는 이야기, 이때는 이렇게 넘어가서 좋았으니 한번 해보라고 권유를 하면 엄마들은 반가워한다.

나의 이야기는 내 경험만이 아니다. 그동안 읽었던 육아서와 아동 심리서들을 보며 공부하고 느낀 점도 이야기를 해준다. 그러나 내가 이야기 해준 이야기는 어디까지나 내가 겪고 느낀 것이다. 적어도 엄마라면 내 아이에게 맞는 발달 과정을 이해해야 하고, 상황에 맞는 심리를 내 아이를 통해 겪어야만 앞으로 일어나는 육아과정을 즐겁게 이겨낼 수 있다.

육아서를 요약해서 말로 전해 준다면, 엄마는 내 말을 들으며 고개는 끄덕이겠지만, 전혀 엄마 것이 될 수 없다. 돌아서면 잊어버릴 테니 말이다.

나 역시 아이를 키우며 시간이 남아돌아 육아서를 읽은 것은 아니다. 정신없는 아이와의 전쟁에서 내 몸 하나 건사하기 힘든데 차분히 차 마시면서 우아하게 육아서를 읽는다는 것은 상상할 수 없다. 더구나 책육아를 한다며 24시간 아이와 찰싹 붙어 있는데 언제 어떻게 책을 읽을 것인가.

하지만 시간은 있다. 내가 마음만 먹으면 할 수 있다. 우선 어느 집이건 엄마는 무조건 아이보다 일찍 일어난다. 간혹 아이가 먼저 일어나기도 하지만 어쩌다 일어나는 일을 제외하고는 엄마가 먼저 일어나 30분 정도 책을 들어야 한다.

24시간 중 30분이면 고작일 수 있지만, 하루 30분이 한 달이면 15시간이다. 하루 반나절을 벌 수 있는 이 시간을 매일만 한다면 한 달에 한두 권 정도는 충분히 읽을 수 있다. 아침 시간이 아니면 아이가 잘 때는 어떨까?

책육아를 위해서는 아이가 잘 때 청소다 컴퓨터다 만사 제치고 아이 옆에서 낮잠을 달게 자두는 것이 아주 중요한 일이기는 하다. 아이와의 체력싸움에서 지지 않기 위해서는 아이와의 시간에 나를 맞추는 것이 필요하기 때문이다. 하지만 적게는 1시간에서 많게는 3시간 정도의 낮잠을 자는 아이 옆에서 또 30분 정도 빼기는 어렵지 않다고 본다.

그렇게 쌓아오는 나만의 육아서는 나에게 피가 되고 살이 되어서 나날이 나를 살찌운다. 정신이 건강하고 단련이 되니 아이가 사랑스러워 보이고 모든 감정을 받아주는 엄마가 되는 것이다.

겪어보면 안다. 육아서가 힘이 되어주는 날들이면 저절로 책이 책꽂이로 가지 않는다. 내 아이가 읽고 있던 동화책 옆에 놓일 것이고, 밥통 옆에 누워 있을 것이며, 화장실 앞에 던져지게 된다. 간혹 읽고 있던 부분에 밥풀도 묻을 것이며, 된장국 방울이 떨어져 얼룩도 생기게 될 것이다. 책에 때가 묻어지면 이제 책의 자리는 책꽂이가 아니라 내 옆구리가 된다. 책을 옆구리에 끼고 아이를 바라보라. 정말 가슴 뿌듯한 경험을 할 것이다.

상계동에 사는 현수 엄마를 만나러 갔다. 오랜만에 아기를 키우며 겪게 되는 이야기에 시간 가는 줄 몰랐다. 그러다가 윗집 엄마가 놀러 오게 되었는데 자연스럽게 육아서 이야기가 나왔다. 육아서의 긍정적인 반응을 보인 나와 현수 엄마와는 다르게 아이가 좀 큰 윗집 엄마는 육아서와 책육아를 반갑게 생각하지 않는 눈치였다.

책이야 아이가 어느 정도 커서 관심을 가질 때 읽어주면 되는 것이고, 육아서는 말 그대로 남이 써놓은 남의 집 이야기라는 것이다. 내 아이와 맞지 않은 상황일 텐데 이거 해라, 저거 해라, 혹은 이거 하지 마라, 저거 하지 마라, 완전히 믿을 수 있는 것은 아니라는 것이다. 그럼 육아에 지치거나 힘들 때는 어떻게 해결하느냐고 물었다. 역시나 동네 엄마들과 스트레스를 풀거나 문화 센터 등을 다니며 지낸다고 했다.

문화센터를 다니고 동네 엄마를 만나는 것을 무어라 하는 것이 아니다. 책을 부정적으로 보는 것이 안타깝다. 물론 그 엄마 말대로 책에 나와 있는 모든 내용이 나와 맞을 수는 없다. 하지만 아이를 키우며 겪는 이야기인데 어떻게 나와 같은 상황이 없을 것이며 어찌 공감 가는 부분이 한 페이지도 없을 수 있을까. 나는 그 부분이 더 거짓말 같다는 생각이 든다.

많은 사람들이 책을 읽으라고 말하는 것은 그 책을 읽고 그대로 따라 하라는 이야기가 아니다. 책을 읽고 본인에게 맞는 상황을 고려해서 지혜를 발휘하고 시행착오를 줄이라는 의미다.

책 쓰는 사람 역시 책을 읽는 독자가 되도록이면 저자를 따라와 주면 좋겠다는 생각은 하지만 완벽하게 따라 하라고 강조하는 것은 아니다. 나는 육아서가 맞지 않는다며 읽다가 접었다느니 치워버렸다는 등의 말을 꺼내는 엄마들에게 묻고 싶다. 육아서조차도 읽지 않으면 대체 어떤 육아를 할 것인지 말이다.

아직 겪어보지 않은 미래의 일을 준비 없이 해나가는 모습에 내가 다 겁이 난다. 육아서는 어디까지나 참고서일 뿐이다. 괜히 정답이 아니라는 이유로 육아서를 탓할 것이 아니라 틈틈이 읽어가면서 한 단락이라도 내 것으로 만드는 과정이 필요하다.

리처드 템플러가 쓴 《부모 잠언》에는 이런 말이 나온다.

"만일 아이가 화를 내지 않기를 바란다면 부모인 당신이 화를 내서는 안 되며, 아이가 공손히 부탁하고 인사를 잘하기 바란다면 부모인 당신이 먼저 아이들에게 공손해야 한다."

나는 이 문장을 보면 나의 어린 시절이 떠오른다. 내가 어릴 때 내 주변의 어른들은 나를 공손하게 인격체로 잘 대접해 주었던가. 이 문장을 접하지 않았다면 나는 내가 받아온 대로 아이를 키웠을지 모른다. 하지만 이 문장을 이 책에서 접하고 또 다른 책에서 접하면서 내 것이 되었다. 내가 커온 방식이 아니라, 내가 아이와 새롭게 써 가야할 역사가 된 것이다.

소아정신과 의사 서천석의 《하루 10분, 내 아이를 생각하다》를 보면 이런 내용이 있다.

"아이가 짜증내는 원인은 다양합니다. '감히 이 녀석이 나한테 짜증을 내!' 하는 부모는 하수입니다. '어떻게 짜증을 멈추게 하지?' 하고 고민한다면 중수죠. '짜증날 일이 있나 보다.' 하고 가볍게 받아야 고수입니다. 짜증을 풀도록 도와주면 좋겠지요. 그러나 어떻게 도울지 모르겠다거나 도울 힘이 부족하다면 그냥 놔둬도 됩니다. 짜증의 특효약은 시간입니다. 시간이 아이를 돕는 사이 도울 힘을 챙기세요. 그리고 힘을 내 아이에게 다가가세요."

이 육아서 또한 몇 번이나 읽었는지 모른다. 힘이 들 때마다 펼쳐보며 나에게 맞는 상황에서는 이렇게 해보면 되겠다는 생각을 하기도 하고, 혹은 할 말을 잃은 채 넋을 빼고 있다가 들춰서 읽어보면 내 앞에서 조근 조근 이야기를 해주는 서천석 원장님 앞에 앉아 있는 착각을 하고는 한다. 고액의 정신과 상담비를 내지 않고 책 한 권으로 나는 정신과 치료를 한 셈이다.

오늘도 나는 몇 권의 육아서를 주문했다. 아이를 키우며 읽고 있는 육아서가 쌓이고 쌓일 때마다 나의 육아관은 더욱 탄탄해지고 있기 때문이다. 어디 육아서뿐인가. 아이들이 유치원에 들어가고는 자기계발서나 의식 확장에 관련된 책도 넘나들며 읽는다.

"두 가지에서 영향받지 않는다면 우리 인생은 5년이 지나도 지금과 똑같을 것이다. 그 두 가지란 우리가 만나는 사람과 지금 읽고 있는 책이다."

작가 찰스 존스의 말이다.

엄마로서 도태되는 사람이 아닌 발전하는 엄마로 살고 싶다. 차고 넘치면 바깥으로 표출하고 싶은 게 인지상정인가 보다. 많이 읽으면 쓰고 싶어진다 했다. 나 역시 수백 권의 육아서를 읽다가 이젠 육아서를 쓰고 있는 입장이 되고 보니 그 말을 실감한다.

그동안 만났던 많은 엄마들에게 이러면 좋다 저러면 좋다 찾아다니며 떠들지 않아도 된다. 이제 내가 쓰고 있는 이 육아서를 전해주면서 미소 한번 날려주면 그만이다. 그 생각을 하니 글쓰기에 힘이 난다. 어서 초고를 마쳐야겠다.

육아,
발로 하려 하지 마라

육아가 힘들다는 것은 온 국민이 다 안다. 겪어보지 않은 먼 친척뻘 남동생도 다 아는 사실이다. 그런데 힘들다는 것은 다 알지만 막연히 체력이 딸려서 힘들다는 내용을 주로 언급할 뿐 아이와의 심리적 갈등이나 발달 과정에서 양육자가 부딪혀야 하는 스트레스는 많이들 모르는 것 같다.

그래서 흔히들 육아를 거들어주거나 도와준다고 하면 먹고 입히고 씻기는 정도에 머물러 있다. 그 이상은 엄마가 양육자라면 덤으로 얻는 타고난 좋은 환경으로 비추어지기도 한다. 하지만 육아는 기본적인 욕구만을 채워주는 단순한 노동이 아니다.

일하며 만나는 엄마들에게 "아이가 어떤 아이로 자랐으면 좋겠어요?" 하고 물으면 대부분이 자존감이 강한 아이, 배려심이 많은 아이, 독립심이 강한 아이 등을 답한다. 하지만 잘 먹고 잘 자는 일에만 초점을 받은 아이들이 이런 아이들로 자랄 수는 없다. 엄마나 양육자가 늘 옆에서 지켜주고 관심을 가져주어야만 이상적인 아이로 성장 할 수 있는 것이다.

둘째 세빈이가 이유식을 할 때이다. 오랜만에 친정엄마에게 놀러 갔는데 그날은 엄마 친구 분이 세빈이 또래의 손녀를 데리고 오셨다. 나는 그날 처음 그 아이를 본 것이지만 친정엄마 말로는 아예 할머니가 아이를 키우다시피 한다고 했다. 며느리와 아들이 맞벌이를 해서 손녀를 데리고 친구 집뿐만 아니라 어디든지 업고 다닌다고 했다. 한마디로 할머니가 양육자인 셈이다.

할머니가 양육자인 것은 문제는 되지 않는다. 하지만 아이 엄마가 있으면서 자주 들여다보지 않는다는 것이 문제였다. 아이 엄마는 병원 영양사로 잠이 부족해서 삼사 일 정도 아이 이유식만 만들어서 할머니에게 전해주고 모자란 잠을 자고 일을 다닌다 했다.

일을 하느라 잠이 모자란 것은 안타깝지만, 이제 몇 개월도 안 된 아이가 할머니 곁에서 일 주일 이 주일 사느라 엄마냄새를 잊는 것이 슬펐다.

아이들은 최소한 3세 이전까지는 엄마가 같이 있어주는 것이 이상적이다. 피치 못할 사정이 있다면 아이가 엄마 없이 자는 날은 3일을 넘기면 안 된다. 엄마 냄새로 대체되는 할머니의 냄새가 일관성 있게 유지된다면 더 바랄 것이 없겠지만 보통은 할머니의 부재가 엄마보다 빠르므로 아이는 커다란 상처를 입을 수도 있다.

경제적인 이유로 아이와 떨어져 있어야 한다면 내 상황에 맞게 최대한의 노력을 기울여 아이와의 시간을 가져야 한다. 그것이 아이에 대한 최소한의 배려이자 사랑이다.

친구 분의 며느리가 해온 이유식을 보고 나는 또 한 번 놀랐다. 손녀가 먹을 이유식의 하루치 양이 세빈이가 먹는 한 끼의 양이기 때문이다. 세상에 영양사라는 엄마는 정작 본인의 아이의 발달단계에 맞춰 먹여야 하는 양조차도 제대로 몰랐던 것이다. 엄마의 사랑도 부족한데 먹는 것조차도 부족한 그 아이를 보면서 참 많은 생각을 했다.

아이를 막 낳은 산모들에게 설문조사를 한 적이 있는데 그 질문 중 하나가 '아기는 언제부터 사물을 인식하는가?'였다고 한다. 산모들은 제각각의 답을 했다. 태어나자마자부터라고 대답하는 산모도 있었고 한 달 뒤라고 대답한 산모도 있었으며 3개월, 6개월도 있었다고 한다.

그 후 2년 정도의 시간을 두고 그 아이들을 대상으로 다시 조사를 실시했는데, 각각 아이들의 지적 신체적발달상황의 차이가 현저하게 나타났고, 그 변화의 지속성은 또다시 2년 뒤에도 같았다고 한다. 지적 신체적 발달 정도가 높은 쪽은 어디였을까? 엄마가 아기를 태어날 때부터 사물을 인식할 거라고 믿는 쪽이었다.

아기는 엄마가 믿는 대로 자란다. 태어날 때부터 아기의 능력을 믿고 지지해준 엄마 곁에서는 기대와 희망을 가득 머금은 아이들이 자랄 수밖에 없다. 발로 걸레질을 하듯 쉬운 육아가 있다면 그건 더 이상 육아가 아닐 것이다. 육아란 관심과 배려와 사랑이 조합된 피땀 어린 정성의 과정이다.

아이는 기다려 주지 않는다. 어찌어찌해서 시간만 가면 아이는 자란다고 생각하겠지만, 그 많은 시간낭비를 해서는 결코 안 된다. 평생 아이를 쫓아다니며 육아만 하는 것은 아니다. 초등학교 저학년까지야 엄마가 지적 뒷바라지를 해주면 좋겠지만, 그도 아니면 5세 이전 최소한 3년은 엄마가 버티고 있어야 한다.

나는 아이를 키우면서 나만의 상상을 하고는 한다. 커다랗고 잎이 무성한 초록빛 나무 아래 나는 책을 읽거나 바람을 쐬며 앉아 있다. 내 아이들은 내 무릎에서 책을 보고 맛난 음식을 먹는다. 그리고 때로는 나무를 벗어나 탐색도 한다. 그러다 새로운 것이 보이면 나를 부른다.

"엄마, 엄마! 이것 좀 보세요!", "엄마, 이게 뭐예요?", "엄마, 세상이 너무 신기해요!"

꿈을 꾸듯 이런 상상놀이를 하고 내 아이의 얼굴을 보면 그렇게 사랑스러울 수가 없다. 시간이 되면 그 나무 아래에는 나는 없고 아이들이 친구들과 뛰놀며 놀고 있을 것이다.

얼마 전 친정엄마가 일산 집으로 오셨다. 재희와 세빈이의 할머니로서 아이들이 너무 보고 싶기도 하고 일을 하고 있는 나를 도우러 며칠 머물러 계시러 오신 것이다. 그러다가 손녀를 키우고 있는 엄마 친구분 이야기가 나왔다. 세빈이와 동갑이니 이제 유치원 갈 나이도 됐고 잘 자라고 있는지 궁금하기도 했는데 엄마가 먼저 말씀하신다.

"그 집 며느리 이혼했단다."

"그 아이는 누가 키우고?"

"그야 할머니가 키우기로 했지……."

엄마 냄새와 조금씩 멀어지더니 이젠 아주 잊어버리겠구나 싶었다. 아이가 너무 가엽다. 처음부터 엄마와 떨어지지 않았다면 어땠을까 싶다. 기저귀를 갈아주며 아이가 커가는 모습을 보며 감동도 하고 눈물도 흘리면서 아이를 키웠으면 어땠을까 싶다.

부지런히 크라고 이유식에 간식에 부지런히 챙겨주었으면 어땠을까 싶다. 가슴이 뭉클해진다. 이혼사유야 어찌 되었든 지금 상황과 많이 달랐을 거란 생각이 든다. 나는 가끔 그 아이의 소식을 귀담아 듣게 될 것 같다. 조금은 나은 상황이 생기기를 바라며…….

엄마 수업을
받아라

"나는 엄마가 되면서 내게 있는 상처를 딛고 일어섰어요. 처음엔 그 상처들이 나를 잡아끌었으나 어쩌겠어요. 엄마가 되었는데. 내가 받은 상처를 내 아이에게는 겪게 하지 말아야지요. 상처를 표 내지 않고 아이를 기르다 보니, 아이가 내 상처를 보듬어 주었는지 거의 다 아물었어요. 남들은 몰라볼 만큼."

이는 서형숙의 《엄마 자격증이 필요해요》에 나오는 일부이다. 정말이지 엄마도 미리미리 공부해서 '엄마 자격증'이라는 것이 있으면 좋겠다는 생각이 든다. 아이를 낳고 무방비 상태로 있다가 당황하고 방황하고 상처받는 일이 되도록 없어야겠다는 생각에서다.

육아서를 읽고 강의를 들으며 육아 공부를 한다. 그러다가 이렇게 나의 마음에 큰 감동이 되는 문구가 있으면 가슴에 새기고 실행해 보려고 노력한다. 이런 과정이 나는 엄마에게는 반드시 필요한 단계라고 본다. 이렇게 좋은 선배 맘들의 이야기를 듣지 않는다면, 누가 나에게 이런 주옥같은 위로와 힘을 준단 말인가!

엄마 수업의 일부는 책이 차지한다. 베스트 육아서가 꼭 좋은 것은 아니지만, 일단 베스트 육아서는 꼭 읽어봐야 한다. 그것은 다른 많은 엄마들이 많이들 읽고 있다는 이야기이기 때문이다.

그러고 나서 자신만의 육아관이 생기면 육아서를 보는 눈도 생기고 강사들도 자신에게 맞는 멘토가 눈에 보일 것이다. 그때는 한 단계 발전하는 엄마로서 성장하고 많은 엄마들에게 자신의 경험을 이야기해 줄 수 있는 여유로운 엄마로 생활해간다. 어쩌면 육아를 하는 우리 엄마들은 그런 여유를 항상 동경하는지도 모르겠다.

준희 엄마는 준희 하나를 키우면서 처음으로 아이를 유치원에 맡기기로 했다. 올해 다섯 살이 된 준희는 엄마와 집에서 책도 읽고 놀이도 같이하면서 시간을 보냈다. 첫 아이에 대한 사랑은 그 어떤 엄마도 처지거나 우위에 있을 수 없듯이, 준희 엄마 또한 그랬다.

유치원에 등원을 시켜주는 것은 물론이며, 유치원에서 일어나는 모든 일에 관심이 많았다. 아이의 오늘 간식은 무엇이며 점심은 무엇을 먹는지, 하원은 몇 시에 어떤 선생님이 해주시는지 세세히 알아야 하는 성격이었다. 물론 처음 며칠이야 이런 일은 있을 수 있지만, 정도가 지나치면 아이도 엄마도 힘든 일이 생기기 마련이다.

일주일이 지나고 그다음엔 유치원 엄마들을 만난다. 유치원 정보도 알아야 하고, 선생님도 찾아가서 일일이 아이의 생활을 묻는 것은 물론이며 새로 사귄 엄마들과 그 집 아이들의 커온 환경도 알아내고 만다.

그리고 남은 결과는 하나뿐이다. 준희와 다른 아이들을 비교하는 것이다. 문제는 준희만 비교하는 것이 아니라 엄마 자신까지 비교하게되고 곧 무기력감에 빠지고 만다.

하지만 성우 엄마는 다르다. 만난 지 얼마 되지는 않았지만, 늘 자신감이 넘치는 엄마라는 생각이 들었다. 본인이 학교 선생님이라서 그런지는 몰라도 항상 아이에게 책을 읽어주는 일이 습관이라고 했다. 아이에게 책을 읽어주고 일을 하며 남는 시간에는 본인의 육아서를 읽는다.

"대체 선생님이라는 직업도 있으면서 육아서를 언제 읽지? 학교에서 애들 안 가르치고 책을 읽남?"

내가 반 농담으로 물었다.

"언니도 참, 집안 여기저기 책이 널려 있어 그냥 오며가며 한 줄 한줄 읽는 거지."

이 오며가며 한 줄 두 줄 읽는 것이 큰 힘이 되었다는 생각이 든다. 책을 읽고 아이에 눈높이에 맞춰 또다시 아이 책을 읽어주고, 주말에는 신랑과 좋아하는 육아강의도 들으러 다닌다. 신랑과 같이 다니는 이유는 밖에서 신랑이 아이와 놀아줄 수 있기 때문이란다. 신랑과 같이 듣는다면 더할 나위 없이 좋겠지만, 아이와 함께 동반하는 강의는 별로 없기 때문에 일단 혼자라도 가서 듣고 배운다는 것이다.

성우 엄마는 육아관이 튼튼하다. 항상 공부하고 선배 맘들의 조언을 듣기 때문에 자신감이 넘친다. 그 자신감은 아이에게로 이어져 아이를 유치원에 믿고 맡기고는 의심이 없다. 혹 부족한 점이 있다면 엄마인 자신이 채워주면 얼마든지 차고 넘칠 수 있다는 것을 알기 때문이다. 그러니 이웃 엄마나 유치원 엄마를 따로 만나 미주알고주알 이것저것 물을 필요도 없다. 자신을 믿기 때문이다.

부모라면 아이가 태어나고 자라서 누려야 하는 환경을 만들어주어야 하고, 그 환경이란 내 아이만을 위한 특별한 변화를 감지하며 꾸민 환경이어야 한다. 아이가 커가면서 매번 변하는 심리를 위하여 특별한 아동 심리학자가 되어야 하며, 아이 입장을 고려한 최고의 교육자가 되어야 하는데, 사실 이것은 누구나 원하면서도 쉽게 이룰 수 있는 일은 아닌 것 같다.

그 이유는 그런 교육기관이 많이 있는 것도 아니고 누군가가 일일이 따라다니며 가르쳐주는 것이 아니기 때문이다. 오직 끊임없는 공부와 선배들이 이루어놓은 엄마 수업만이 엄마를 성장시키고 바른 길로 안내할 수 있다.

나는 지금도 육아공부를 하고 있지만, 육아서가 꼭 어린 유아들에게만 해당하는 것은 아니라고 본다. 이제 초등학교에 입학한 재희가 부딪히게 될 초등학교 생활을 미리 대비하고 준비하기 위해서도 육아서가 필요하다. 그 역시 미리 초등학교를 지내온 많은 선배 맘들의 조언이 큰 몫을 하겠지만, 무엇보다 나는 책으로 그 문제를 미리 풀어가고 있기 때문이다.

한때 한창 문제가 되었던 왕따 문제로 고민했을 때가 있었다. 내 아이가 앞으로 닥치게 될 문제일 수도 있고 해결해 줄 문제일 수도 있기에 책을 읽어가며 답을 정의하려 했었다. 하지만 애초에 답은 없던 것 같다. 단지 그때그때 다른 해결 방안이 존재하니 여러모로 상황에 맞춰 준비해두면 되는 일이다.

어떤 상황에서는 왕따를 시키는 아이를 타이르고 설득해서 그 어떤 아이보다도 친한 친구로 만들어 줄 수도 있겠고, 때에 따라서는 그 아이를 개인적으로 만나서 따끔하게 혼을 내 줄 수도 있을 것이다. 모두 아이와 상황에 맞게 공부해 놓은 것도 나쁘지 않은 방법 같다.

엄마 수업에 있어 교과서가 육아서라면 수업은 육아강의이다. 나는 엄마들에게 육아강의를 하면서 참 많은 것을 느낀다. 내게 강의를 의뢰해오는 엄마들은 아직 초등학교에 입학하기 전의 미취학 아동을 둔 엄마들이 대부분이다. 그래서 사회성이 아직 정착되지 아이들에게 어떤 경험으로 어떤 육아관을 보여주어야 하는지, 어떻게 아이와의 관계를 탄탄하게 유지할 수 있는지를 많이 이야기해준다.

그동안 헤매고 헤매면서 나름대로 육아서를 읽고 공부를 해왔다면 육아강의를 통해 자신만의 육아관이 굳건하게 자리매김하는 계기를 마련해야 한다. 가끔 엄마들이 나의 강의를 듣고 공감을 하며 웃다가 울면 그리 기쁠 수가 없다. 내 이야기에 너무나 공감이 되다 보니 처절

한 본인의 현실이 생각나는지 목이 꺾일 정도로 흔드는 엄마들을 보면 코끝도 찡해온다.

엄마라면 누구나 자신의 아이가 바르고 배려 깊은 아이로 자라기를 바란다. 또한 그런 감성교육 이 외에도 정신적으로도 강하고 똑똑한 아이로 한층 더 욕심을 내며 아이를 키운다. 그 순서가 거꾸로만 되지 않는다면 참 이상적인 교육인 셈이다. 그러나 순서가 어긋나서 똑똑한 아이로 키우고 그 이후에 감성적이고 배려 깊은 아이로 키우려면 엄마나 아이 모두가 힘들어진다.

내 아이를 배려 깊고 자존감이 높은 아이로 키우기 위해서는 엄마가 공부해야 한다. 그러기 위해서 엄마는 끊임없이 육아서로 공부를 하고 강의를 들으며 수업을 마쳐야 한다. 아니 마칠 수가 없다. 아이가 크면서 수업은 과목만 바뀔 뿐 아이 성장에 따라 내용이 달라져야 하니 말이다. 지금도 아이와 웃고 울다가 헤매게 되면 육아서를 펼쳐보자. 그리고 내일 육아강의를 하고 있는 그 장소로 달려가서 힘찬 에너지와 엔도르핀을 받고 오기를 진심으로 바란다.

공부하지 않는 엄마가
제일 불안하다

"아침에 우는 큰아이 때문에 힘들었어요."

"아침에 정우가 왜 그렇게 울었는데요?"

"유치원에 안 가고 집에 둘째랑 있겠다고 난리쳐서 한바탕 소란피우고 보냈지요!……."

유치원에 안 가겠다고 난리치는 큰아이를 억지로 보내는 엄마 마음이 얼마나 힘들었을까 아이를 키워본 엄마라면 알 것이다. 그러나 그건 어디까지 엄마 마음이 아픈 거지, 큰아이 정우의 마음은 더 아프고 힘들었을 것이다.

둘째를 가져본 엄마라면 안다. 얼마나 두 아이를 키우기가 체력적으로 힘이 들고 지치는지, 어서 한 아이라도 떼어놓아야 한숨이라도 제대로 돌릴 것만 같아서 서두르는 마음이 생긴다. 아이 마음을 모르면 내 마음이 우선순위가 되는 것은 당연한 일이다. 하지만 우리가 누구인가. 아이의 마음을 먼저 읽고 나의 마음은 일단 뒤로 하는 것이 엄마의 책임이자 의무이다. 내 마음이 급하고 답답한 것은 뒤로 하고 일단 큰아이의 마음을 읽어주는 것이 먼저다.

한 걸음 뒤로 나와서 바라보면 큰아이도 작은 아이 못지않은 아직 어린아이임을 새삼 깨닫는다. 아직 어린이로 성장해가는 과정 중에 있음에도 둘째와 비교하면 많이 자랐다는 생각에 엄마는 가끔 큰아이의 존재를 다 큰 아이로 착각을 할 때가 있다.

정우는 동생이 많이 부러웠을 것이다. 어릴 적 사랑을 많이 받고 자랐다고 해서 그 사랑을 다 기억해낼 수는 없다. 내 앞에 보이는 동생을 대하는 엄마의 사랑이 그립고 부러워서 떼를 쓰고 유치원에 가기 싫다고 하는 것은 충분히 아이 마음에 그럴 수 있다고 보아야 한다.

하루쯤 유치원을 안 가면 어떤가? 나는 정우 마음을 읽어주고 선생님에게 전화해서 유치원을 늦게라도 가게 하는 것이 낫다고 엄마에게 충고해주었다. 하루 정도 동생과 놀고 그 다음 날 유치원을 가는 것도 괜찮다고도 말해주었다. 하루 이틀쯤 집에서 동생과 노느니 유치원에 있는 선생님과 친구들과 어울리는 것이 더 낫다는 생각을 정우도 곧 할 테니 걱정을 안 해도 될 터였다.

한 부모 아래 동생을 둔 큰아이의 심리를 다룬 재미있는 이야기가 있다. 큰아이인 나는 본처 입장이 되고 엄마는 남편이 된다. 엄마가 병원에서 낳아 데리고 온 동생은 어느 날 집으로 데려온 낯선 여자이다. 엄마가 어느 날 낯선 아이를 데려와 먹이고 입히고 재우는 모습을 보는 나는 남편이라는 사람이 낯선 여자를 집으로 데려와서는 챙기고 다정하게 지내는 모습을 바라보는 본처이다. 얼마나 스트레스가 크겠는가. 웃자고 하는 이야기가 아니라 심리학적 관점에서 바라본 큰아이의 심리적 압박감이 이와 크게 다르지 않다는 것을 보여주는 것이다.

아이의 심리를 모르는 엄마는 아이와 소통을 할 수가 없다. 아이 마음을 몰라주니 아이 역시 답답할 것이다. 그 거리를 좁히는 몫은 우선은 엄마가 해주어야 한다. 엄마는 늘 끊임없이 공부를 해야 하는 이유가 여기에 있다. 엄마가 아이를 공부하지 않으면 늘 불안한 상태가 되기 때문이다.

효성이 엄마는 일하는 엄마 중에 잘나가는 코디네이터이다. 하지만 밤샘촬영으로 가끔씩 집에 못 들어갈 때가 있다. 그럴 때는 집에 있는 아이가 걱정되다가도 '잘 버티고 있겠지.'라는 생각으로 몇 년 동안 아이를 친정엄마에게 맡기고 일을 해왔다.

"처음에는 걱정을 했죠. 백일이 지나서 일을 시작했으니 세 살이 다되어가는 지금은 할머니가 키운 것이라는 것을 아는지 제게 오지도 않아요."

아이가 엄마에게 오지 않는다는 것은 슬픈 일이 아닐까? 효성이가 처음부터 엄마를 멀리했을까? 아닐 것이다. 효성이는 매일 밤 엄마를 그리워했을 것이고 엄마를 기다렸을 것이다. 한 번이라도 효성이 입장에서 엄마를 바라보았다면 어땠을까라는 생각이 든다. 아무리 백일이 갓 지난 아이라도 엄마냄새를 알고 엄마의 스킨십을 기억할 텐데 엄마는 하루 이틀을 넘기며 아이와의 접촉을 멀리했다. 효성이는 엄마를 기다리며 혼자 터득했을 것이다.

'오늘 하루는 엄마와 자고 싶어. 내일은 엄마가 오시겠지.'

'오늘도 엄마가 안 오셨네. 내일 하루만 더 기다려보자.'

'도저히 안 되겠어. 엄마는 나를 보호하는 사람이 아니야. 할머니가 나를 키워주는 주양육자인 거야. 할머니에게 기대야겠어.'

아이의 마음을 안다면 '지금쯤 잘 버티고 있겠지.'라는 말은 쉽게 나오지 않을 것이다. 엄마라면 최소한 아이에게 예의를 지켜주어야 한다. 내가 낳았으니 최소한 3년은 꼭 붙어 있겠다는 예의를 아이에게 지켜준다면 아이도 안다. 엄마가 최선을 다하고 있었다는 것을 말이다.

공부하지 않는 엄마가 불안할 때는 아이의 심리적인 부분을 모를 때만이 아니다. 내 아이에게 맞는 학습방법을 모를 때도 마찬가지다. 준호 엄마는 자주 내게 찾아오는 친한 엄마였다. 재희가 돌 지나고 만났으니 꽤 오랜 시간 동안 나를 지켜봐온 엄마이다.

돌이 갓 지난 재희에게 하루에 몇십 권씩 책을 읽어주는 나를 보고 의아해하면서 준호는 책을 좋아하는 아이가 아니라며 문화센터나 놀이학교 위주로 아이에게 체력적인 면을 강조했다. 물론 체력적으로도 아이는 강하게 키워야 한다. 하지만 아이가 학습을 학습이 아닌 놀이로 받아들이는 시간은 그리 길지 않다.

교육학자들이 말하는 지능체감의 법칙이라는 것이 있다. 아이가 어릴 때는 모든 사물이나 지식을 있는 그대로 흡수해서 아이는 100%라는 흡수 능력이 있지만 시간이 지나면 지날수록 낮아져서 3세 때는 70%로 5세 때는 50%로 10세 정도가 되어서는 20% 정도밖에 되지 않아 아이가 어릴수록 교육의 중요성을 강조하는 이론이다. 하지만 이 것 역시 믿고 행하는 엄마에게나 통하는 이론이지 체력을 강조하는 엄마에게 아무리 설명해도 통할 리가 없다.

준호는 지금도 만나고 있지만 책을 좋아하지 않는 아이가 아니다. 얼마든지 어렸을 때부터 좋아하는 책을 읽어주고 보여주었다면 지금보다 더 큰 그릇으로 사물을 바라보지 않았을까 하는 안타까움이 든다.

초등학교 입학을 앞두고 준호는 결국 한글도 떼지 못했다. 그저 책을 좋아하는 아이로 더듬더듬 내용을 읽어간다. 준호 엄마는 그 모습을 보며 마음이 늘 불안하다. 초등학교에 가서야 책의 중요성을 알았지만, 이미 벌어진 차이는 어쩔 수 없다. 세 살 때 한글을 떼고 자신이 좋아하는 분야의 책을 두루 읽고 입학하는 아이와 이제 한글 떼기 막바지에 들어가는 아이와의 두뇌 차이는 단시간에 따라 잡을 수 있는 일이 아니다.

이따금 '엄마성장학교 카페'로 상담을 해오거나 블로그를 통해 아이가 한글을 빨리 떼면 난독증을 갖게 된다든지 성격적으로 문제가 되지는 않을까 걱정된다는 엄마들을 만난다. 정말이지 기우라고 말해주고 싶다.

난독증은 모양부터가 우리와 익숙하지 않은 언어들을 만났을 때 특별한 사람에게만 찾아오는 현상이다. 물론 우리나라 사람 중에서도 난독증 환자는 있다. 하지만 그들이 과연 글을 빨리 떼어서 갖게 된 질환일까? 난독증은 누구에게나 어릴 때부터 글자를 가르치면 찾아오는 병이 아니다. 그랬다면 전 세계 글을 빨리 깨우친 사람은 대부분이 난독증에 걸려 고생을 했을 테지만, 그런 일은 일부에게 일어난 일일 뿐이다.

또한 성격의 문제가, 아이가 글자 하나 떼었다고 생긴다면 애초에 조기교육이란 말도 있지 않았을 것이다. 그보다는 조기교육의 과정에서 오는 잘못된 방법에서 그 원인을 찾아야 할 것이다.

언제나 공부하지 않는 엄마는 불안하다. 여기서 들은 이야기는 이래서 안 될 것 같고, 저기서 들은 이야기는 저래서 안 될 것 같다. 내 아이에게 맞는 상황을 늘 연구하고 공부하는 엄마가 아이를 행복하게 만든다. 더불어 공부하는 엄마는 아이뿐만 아니라 본인도 행복하게 가꾸어 나갈 줄 안다. 아이를 위한 공부를 하면서 자신을 더 잘 알아가는 것이다. 육아에 있어 공부는 아이와 엄마 모두에게 행복한 일상을 선물해 준다.

옆집 엄마 만나지 말고
나만의 육아법을 연구하라

한때 미국 예일 대 교수가 쓴《타이거 마더》라는 책이 화제가 된 적이 있었다. 에이미 추아라는 중국계 미국여성 교수가 두 자매를 키우면서 쓴 책인데 어느 부분은 이해가 가지 않았지만 또 한편 자신의 육아관으로 아이를 나름 열심히 키운 것에는 두말없이 박수를 보낸다. 이국땅 미국에서 두 아이를 남부럽지 않게 키우기 위해서는 엄마 나름대로 엄한 교육과 애착의 중요성이 필요했기 때문이다.

또 우리나라에 잠시 스칸디 교육법이라고 해서 북유럽 스타일의 자유분방한 육아방식이 유행했던 적이 있다. 어릴 적부터 아이와 대화하고 아이의 의견을 존중하는 것이 바람직한 육아관으로 자리매김을 하면서 아이의 마음을 읽으며 차분히 설명을 잘해주는 '스칸디대디'라는 용어도 더불어 유행하게 되었다. 이렇듯 시대가 바뀌면 그 시대에 맞게 육아법이 유행하기도 하고 새로운 문화로 인해 각 가정에서 육아법은 변화하고 재탄생되기도 한다.

우리나라에도 전통 육아법이 있다. 우리나라는 특히 임신 때부터 하지 말아야 할 행동을 강조하며 아이 교육이 시작되고 '인륜과 덕'에 맞추어 대가족문화에서 아이를 키웠다. 그러다 보니 자연히 배려가 몸에 익고 예를 중시하는 문화로 자리를 잡았다. 그중에서도 고조선 단군왕검이 아이를 가르칠 때 쓴 '단동십훈'은 부모의 역할과 애착의 중요성을 예로부터 강조했음을 알 수 있다.

단동십훈은 우리가 지금도 흔히 아이와의 놀이법으로 쓰고 있는 '도리도리'나 '쥠쥠', '곤지곤지', '섬마섬마', '짝짜쿵 짝짜쿵' 등 흔히 볼 수 있는 놀이이지만 문장 하나하나에는 우주의 섭리와 아이가 곧고 바르게 자라기를 바라는 염원이 깃들어 있다.

세상에는 이처럼 많고 많은 육아관이 있다. 각 나라마다 훌륭하게 아이를 키워온 사람들의 육아관도 있고, 각 문화에 맞게 전통적으로 고수되어 오고 있는 변하지 않는 육아관도 있다.

또한 세계를 이끌어 가고 있는 위대한 인물들의 어머니를 보면서 나름 훌륭한 육아관을 만들어 자신의 아이에게 맞춤성장을 보여주는 예도 얼마든지 있다.

아이를 낳고 키우면 시간이 절로 지나가리라고 생각하는 사람들을 본다. 물론 맞는 말이다. 육아가 너무나 힘들고 지칠 때에는 '어차피 시간은 흐르겠지.'라는 생각으로 하루하루 살아갈 수도 있을 것이다. 하지만 하루하루의 시간이 쌓이면 몇 달이 되고 몇 년이 된다. 그렇게 시간이 흐르면 아이는 내 손을 떠나고 이미 그때 내가 이루어 놓은 육아관으로 아이를 키우려 해도 아이는 기다려주지 않는다.

　힘들게 살았던 우리 옛 선조들도 나름의 육아관을 지켜오며 자신의 아이를 보다 더 강하고 바르게 키우려고 노력해왔다. 그 사실을 알면 오늘 내 앞에 있는 내 아이를 다르게 볼 수 있을 것이다. 힘들게 보내고 있는 지금의 하루는 그 누군가도 겪어왔던 일임을 명심하자. 그 누군가도 이겨낸 이 과정을 보다 더 현명하고 슬기롭게 이겨내기 위해서 나만의 육아관을 확실하게 세워두는 것은 그래서 중요하다.

　한 엄마가 자주 아이에게 짜증을 내는 일로 법륜 스님에게 자문을 구한 기사를 읽은 적이 있다. 엄마도 아이에게 화가 나고 짜증을 낼 수도 있는 일 아닌가 싶지만, 법륜 스님은 그 엄마에게 자식을 낳고서도 혼자 몸일 때와 같은 연약한 여자의 심성으로 살면 자식을 잘 키울 수 없다고 말한다.

　자식에게 엄마는 세상이고 우주이며 신이라는 말도 함께 덧붙여 말한 기사를 보고 참으로 공감을 했다. 내가 아이를 낳고서도 엄마가 아닌 여자로 살면 내 아이는 마음 둘 곳이 없다. 혹 남편에게 마음을 기대고 싶은 여자이고 싶어도 아이 앞에서는 강한 엄마이고 때로는 엄한 엄마이면서 부드러운 엄마여야 한다.

　아이를 키우면 반드시 아이의 반항기와 부딪힐 때가 있다. 아이의 호기심이나 독립적인 행동으로 엄마의 기다림이 필요할 때를 제외하고는 고집을 피우거나 폭력적인 행동을 하는 일등은 엄격히 제한을 두어야 한다.

엄마가 웃는 얼굴을 하고 한없이 부드러운 모습을 주는 것은 너무나 당연하지만 때로는 엄한 엄마의 얼굴도 사랑의 다른 한 형태임을 아이가 어렸을 때부터 아는 것은 상당히 중요하다. 나는 아이를 키우며 간혹 부드러움과 엄격함의 차이에서 방황하는 엄마를 만나면 어이없는 표정이 나오고는 한다.

재희가 어릴 때 나도 엄마들을 그룹별로 만날 때가 있었다. 그중에 한 그룹은 인터넷 카페에서 만났지만, 늘 어울려 다니는 것도 아니고 어쩌다가 바람 쐬러 밖에서 만나는 만남이라 일주일에 한 번 정도는 서로 부담 없이 만나는 모임이었다.

하루는 엄마 넷 아이 넷이 번동에 있는 북서울 꿈의 숲에 놀러간 적이 있다. '북서울 꿈'은 나름대로 조성이 잘되어서 낮은 물가에 아이들이 놀기에 적당한 장소이다. 돗자리도 깔아놓고 먹을거리도 한차례 준비해두고, 아이들이 물놀이를 즐길 때 엄마들은 담소도 나눈다.

담소놀이가 무르익어 갈쯤 사건이 터졌다. 물과 모래가 섞여 축축하게 젖은 모래반죽을 신나게 가지고 놀던 아이들은 이내 컵에도 넣고 던지기도 하더니 한 아이가 다른 아이 머리에 컵에 있는 젖은 모래반죽을 철퍼덕 얹어 놓는 게 아닌가.

당하는 아이야 울기 바쁘지만, 정작 모래덩어리로 사고를 친 아이는 그 자리에서 깔깔거리며 웃고 있었다. 아,이,였,다. 아이라서 깔깔거릴 수도 있고 민망해서 그럴 수도 있겠다는 생각을 한다. 하지만 그 엄마의 행동을 우리는 이해할 수가 없었다. 아이와 같이 웃고 있던 것이다. 깔깔깔······.

눈이며 입이며 모래범벅이 된 아이 얼굴을 닦고 화가 나서 돌아가는 엄마에게 그 엄마는 끝까지 사과 한마디 하지 않았다. 그리고 이날 이후 이 모임은 끝이 났다.

아이가 실수를 하고 잘못을 했을 때 그 순간을 놓치면 아이는 영영 모른다. 자신이 무엇을 잘하고 잘못했는지 옆에서 엄마가 규칙을 정해 주지 않으면 아이는 앞으로 그런 행동을 서슴지 않게 할 것이다.

부드러움과 엄격함의 기준에서 서성거리고 있는 사이 아이는 저만치 앞서간다. 그 엄마는 우리를 만날 것이 아니라 집에서 아이와의 육아법부터 확립하고 나왔어야 했다. 아이는 남에게 피해를 주면서 즐겁게 노는 것이 즐거운 일이 아니라는 점을 엄마로부터 경험하고 나왔어야 했다.

원준이는 재희와 알고 지낸 지 얼마 되지 않는 동갑친구다. 지금이야 이사 와서 연락을 안 하고 살지만, 나는 원준이 엄마를 생각하면 그때 더 친하게 지내지 못한 것이 아쉬운 마음까지 든다.

나름 책육아로 탄탄하게 지내온 재희는 또래 아이보다 모든 것이 빨라서 대화를 할 수 있는 또래 친구를 만나기가 쉽지 않았다. 하지만 우연히 알게 된 원준이는 대화가 잘 통했음은 물론이고 서로 언성을 높이거나 싸우지 않고 나름 규칙을 만들어 시간 가는 줄 모르고 노는 사이가 되었다.

내가 기억하는 원준 엄마가 그리운 것은 아이를 똑똑하게 키워서가 아니다. 원준이는 밖에서 어른들을 만나면 인사도 잘했다. 항상 밝은 얼굴로 농담도 던지고 아이답지 않은 모습을 보여 주었다. 누가 시키지 않아도 밝게 인사하고 생활하며 씩씩하게 자라는 모습이 정말 보기 좋았다.

그 이면에는 원준 엄마의 나름 육아관이 한몫을 한 것이다. 예의바르게 인사하고 착한 일을 하면 반드시 칭찬해주는 것, 아닌 행동을 할 때는 그 자리에 서서 따끔하게 한 마디만 해준다는 것, 그리고 집에서는 하고 싶은 그림, 글씨 쓰기, 노래, 춤, 줄넘기, 피아노 등 마음껏 하게 해주는 것이었다. 바른 육아관이 아이를 바르게 키운 것이다.

아이를 보다 특별하게 관찰하고 아이 마음의 스트레스를 없애주는 것은 아이를 키우는 데 반드시 필요한 일이다. 내 아이를 관찰하는 일은 엄마인 나밖에 할 수 없는 일이면서 나만의 울타리를 짓는 중요한 일이다.

그러니 내 아이를 관찰하고 옆에서 놀아주는 시간을 늘려야 한다. 그 울타리 안에서 내 아이가 남과 같이 바르게 성장하고 어울릴 수 있도록 보다 더 바른 육아관, 보다 더 튼튼한 울타리를 연구해야 한다.

똑똑한 엄마는
똑똑한 편식을 한다

나는 재희를 임신하면서 참외와 사과를 많이 먹었다. 원래 과일을 좋아하지 않는데 아이를 임신하고 과일이 유난히 당기는 것을 나는 재희가 원해서 먹는 것이라고 생각했다. 하지만 돌이켜보면 그동안 과일을 먹지 않은 내 몸이 아이를 임신하면서 필요한 영양분을 원하고 있었는지도 모르겠다는 생각이 든다. 우리 몸이 알아서 원하는 영양분을 끌어당기고 있는 것처럼 말이다.

아이가 잘 먹어야 잘 자란다는 것은 익히 알고 있는 사실이지만, 내 주변에서 아이를 감성적으로나 지성적으로 잘 키운 엄마들을 보면 어김없이 아이의 먹을거리를 중요시하는 엄마들이다. 먹는 것에만 치중하고 책육아는 멀리하는 엄마들은 많이 보아왔지만, 책육아만 하면서 먹는 것을 소홀히 하는 엄마들은 보지 못했다.

그만큼 먹을거리와 교육도 큰 상관성이 있다고 생각한다. 그런데 먹을거리라는 것이 통상 먹는 여러 가지 모든 음식을 말하는 것이 아니다. 아이를 위한다면 엄마는 내 아이만을 위한 특별한 편식을 해야 한다.

재희와 세빈이는 어릴 때 아토피가 있었다. 처음에는 나도 세제도 바꿔보고 청소도 자주 하고 멸균스프레이를 달고 살았다. 흔히들 좋다 하는 로션도 바꿔주고 오일도 바꿔 썼다. 그러다가 TV에서 하는 한 다큐멘터리 프로그램을 보고 생각을 고쳤다.

먹는 것에 초점을 맞추기로 한 것이다. 아이들이 먹는 과일이나 야채를 아무것이나 사지 않게 되었다. 되도록 국산을 고집하고 신선한 것만 찾아다녔다. 조금 비싸더라도 유기농 매장도 찾게 되었다. 흰 죽에서 이유식이 골고루 끝나고 나서는 곧바로 조나 콩을 섞어 흰 쌀밥만 먹는 일은 없어진 지 오래다.

아이의 주식이 바뀌니 이번엔 간식이 문제다. 사실 많은 음식의 문제점은 주식보다는 간식에서 오는 피해가 크다. 흔히들 키가 크려면 우유가 필수라고들 생각한다. 하지만 세빈이는 우유만 먹으면 토를 했다. 세빈이를 관찰하면서 나름 공부를 하게 되었는데 우유가 꼭 성장에 필요한 완전식품은 아니라는 것을 알았다. 병원에서도 꼭 우유를 권장하지는 않는다는 말을 듣고 우유에 목을 매는 일도 없어졌다.

우유는 소젖을 한 곳에 모아 살균한 후에 효소나 비타민을 인공적으로 첨가한 가공식품이다. 더구나 우유 속에 들어있는 단백질의 주성분인 카제인은 한국사람 90%가 소화하기 힘든 유당과 더불어 더부룩

하고 메스꺼움으로 인해 소화에 부담을 주는 성분이다. 그리고 중요한 것은 산성인 우유를 그다지 열심히 먹을 필요성을 느끼지 못했다.

이때부터 나는 간식을 참 많이도 만들어 먹였다. 세빈이는 업고 재희는 옆에서 반죽도 하고 튀기기도 하고, 나름 아이들 입맛에 맞게 열심히 음식놀이를 했다.

아이들이 크자 이웃 엄마들이 가끔 아이스크림을 사올 때가 있다. 하지만 세계적으로도 유명한 B사의 아이스크림의 속사정을 아는 엄마들은 그리 많은 것 같지 않다. 지금이야 가끔씩 외출하면서 한 컵씩 담아서 맛보기로 사먹기도 하지만 나는 아이스크림 회사의 속사정을 알게 된 순간 아이들이 먹는 먹을거리 하나하나가 얼마나 소중한지 다시금 알게 되었다.

아이스크림의 창업자와 친척뻘인 동생은 그 유명한 아이스크림 회사를 유지하기 위하여 지난 20년간 엄청난 양의 아이스크림을 먹어왔으며 동생은 54세의 나이에 심장마비로 사망을 했다.

창업자 역시 건강이 좋지 않은 상태로 당뇨증상과 고혈압으로 고생을 하고 그 아이스크림 회사를 물려주기 위해 아들을 설득했다. 하지만 아들은 아버지의 뜻을 거역하고 세계적인 갑부의 삶을 포기한 채 컬럼비아 해안의 작은 섬으로 들어가 운둔생활을 하며《육식, 건강을 망치고 세상을 망친다》라는 책을 남겼다.

거꾸로 아들의 설득을 받아들인 아이스크림의 창업자는 식생활을 바꾸며 건강을 되찾았지만 이제 그가 만든 회사에서 나오는 식품을 그와 그의 가족은 먹지 않는다. 하지만 아직도 전 세계 많은 사람들은 이 회사의 아이스크림을 즐겨 먹는다. 나는 이 아이스크림을 볼 때마다 그의 가족들이 생각나 눈살이 찌푸려진다.

아이가 어릴 적부터 엄마들을 만나려면 집이라는 장소 말고는 따로 마땅한 곳이 없었다. 하지만 어느 때부턴가 '키즈 카페'라는 어린이 전용 카페가 생겨 나 같은 엄마들이 아이와 마음 놓고 편한 장소를 택할 수 있게 되었다.

'키즈 카페'는 아이들이 가지고 놀 수 있는 장난감을 비롯해 간단히 탈 수 있는 놀이기구도 준비되어 있어서 눈이 오거나 비가 올 때도 손쉽게 이용할 수 있다는 장점이 있다.

하지만 카페에서 팔고 있는 어린이 전용 음료수를 볼 때면 마음이 안타깝다. 아이 입맛에 한 번 적응이 되면 쉽게 바꿀 수가 없는 일인데 우리 집 남의 집 아이 할 것 없이 카페에서 혹은 마트에서 팔고 있는 어린이 음료수를 물보다도 더 자주 먹게 되는 아이들을 보면 마음이 덜컹 내려앉는다.

어린이 음료수의 주성분은 설탕과 액상 과당이다. 이는 콜라나 사이다보다도 더 많은 당이 들어 있는데 어린이 음료수라는 명분으로 여러 가지 향과 색상의 첨가물을 넣다 보니 그다지 달지 않게 느껴지는 것이다. 그뿐만이 아니라 어린이 음료수는 염화나트륨, 글리세린, 아라비아 검, 유화제 등 몸속으로 들어가면 해가 되는 여러 가지 유해지방 덩어리들의 결합체이다.

처음부터 아이들에게 이런 음식을 먹지 않았던 나도 시간이 흐르고 다른 엄마들과 어울리면서 하나씩 사주게 되었다. 안 사주자니 내 아이에게 너무 모진 엄마가 되고 사주자니 아이의 건강이 걱정되어서 차츰 키즈 카페를 찾는 일이나 엄마들의 모임을 줄이는 일도 차츰 늘려나갔다.

어찌 되었든 엄마는 아이의 건강도 책임져야 한다. 남의 눈을 의식할 것이 아니라 엄마가 정하는 한계선에서 내 아이에게 맞는 적당한 편식은 필요하다고 본다.

세상에 따지고 보면 먹을 것이 없다고 하는 사람들이 많다. 그 말도 어찌 보면 맞는 말이긴 하다. 하지만 세상에 모든 음식을 하나하나 따져 먹을 것이 없을 만큼 한계선을 그으라는 말이 아니다. 무엇을 먹이든 엄마가 내 아이에 맞게 적당한 선을 두고 최대한 좋은 음식과 선한 음식을 먹여야 한다는 이야기다.

우리 집에는 오래전부터 전자레인지가 없다. 오래전 TV를 보고 바로 중고나라에 팔아버렸다. 팔면서도 나는 얼마나 양심에 가책을 느꼈는지 모른다. 싸게 판다고 집 가까이에 사는 엄마가 올린 지 몇 시간도 안 되어서 찾아왔지만, 나는 몇 번을 물어보았다. 집에 아이가 없는지, 꼭 사가야 하는지를 말이다.

전자레인지는 미국에서 건너왔다. 편리성 때문에 일파만파 빠른 속도로 발전하면서 우리나라까지 석권했지만, 미국 내 전자레인지를 쓰지 않는 집은 고소득층 지식인들이 사는 집이라고 한다. 그 이유가 무엇일까?

전자레인지에 음식을 돌리면 전자파가 작용하면서 음식 속에 있는 분자들을 흔들고 뒤엉켜놓는다. 당연히 음식의 구조가 바뀌면서 돌연변이 분자가 생성된다. 눈에 보이거나 맛으로도 쉽게 구분은 가지 않지만, 많은 발암물질이 생기는 것이다. 이런 발암 물질을 장기적으로 먹으면 어떻게 될지는 뻔한 일이다. 헤모글로빈 수치가 낮아지는 것은 물론이고 나쁜 콜레스테롤이 증가하면서 잦은 병치레를 하게 될 것이다.

간혹 어떤 집에 가보면 전자레인지가 아이들이 손닿는 낮은 곳에 배치되어 있는 것을 본다. 아이가 볼 수 있도록 혹은 엄마가 손쉽게 움직일 수 있도록 그런 배치를 했는지는 몰라도 그 앞에 서서 자신의 이유식이 데워지고 있는 광경을 보며 장난을 치고 있는 아이를 보고 나는 기겁을 한 적이 있다. 유해 파동에 아이가 먹을 음식이 데워지는 것도 모자라 떡 버티고 서서 전자파를 쐬고 있다니!

내 아이가 먹는 음식을 완벽하게 차려낼 수는 없다. 아니 그 어느 전문가라도 아이에게 100% 웰빙 음식을 매일 준비한다는 것은 있을 수 없는 일이다. 하지만 적어도 엄마가 정한 규칙은 있어야 한다. 엄마는 내 가족 내 아이에 맞는 나름대로 훌륭한 음식을 준비할 수가 있다. 대신 엄마는 공부를 해야 한다. 엄마가 똑똑해야 가족이 건강하다. 엄마가 똑똑해야 편식도 똑똑하게 할 수 있다.

하루 10분 준비된 엄마 우리 아이 똑똑하게 만든다
엄마 습관 아이 미래가 결정된다

3장

준비된 영재교육
엄마 습관

영재는
뱃속에서부터 길러진다

임신한 엄마가 무조건 뱃속에서부터 태교를 열심히 한다고 모든 아이들이 영리하게 자라지는 않는다. 하지만 영재로 자란 아이들 대부분은 엄마가 뱃속에서부터 미리 마음의 준비를 했다는 것을 알 수 있다. 뱃속에서부터 동화책을 들려준 아이는 태어나서 그 책을 읽어주면 바로 반응을 한다. 엄마 뱃속이 시끄럽지만 엄마의 목소리와 억양 그리고 그때의 편안한 느낌을 기억했다가 태어나면 반응을 하는 것이다.

재희의 임신을 알고 나는 태명부터 짓기 시작했다. 태교는 아이를 부르는 이름으로 시작한다. 내가 의미를 가지고 아이의 이름을 따뜻하고 다정하게 부르면 아이는 뱃속에서도 나의 목소리를 듣고 반응하며 귀를 기울인다.

재희에게는 '클 태' '푸를 솔'을 써서 '태솔'이라는 태명을 지어주었다. 매일매일 뱃속아이에게 다정하게 속삭인다. 아침에 일어나자마자 창문을 열고 바람을 쐬면서 태솔이가 세상에 나와 나란히 앉아 바람을 맞는 상상을 한다.

시장에도 가본다. 임신 초기 입덧으로 냄새 맡기가 거북한 장소를 지나갈 때도 아이에게 중얼거리면서 지나간다.

"엄마는 생선을 무지 좋아하는데 지금은 왜 이렇게 냄새가 안 좋은 걸까? 태솔이는 나중에 생선 많이 먹어야 해. 골고루 음식도 잘 먹고 말이야. 알았지?"

혼자서 이렇게 중얼거리며 다니니 심심하지는 않았지만 중간 중간 쳐다보는 사람들도 있다. 그때는 그냥 지나가면 그만이라는 생각에 별 관심을 두지 않았다.

지나가는 길에 언성을 높여 싸우는 사람이 있으면 옆으로 피해 다니고 가게 물건을 사도 예전 같으면 흥정했을 일을 언제 그랬냐는 듯 제값을 제대로 치르고 오기도 한다. 지나가는 아이가 예뻐 보이면 태솔이도 저렇게 예뻤으면 좋겠다는 생각을 하면서 그 아이가 앞으로 예쁘고 건강하게 자라기를 마음속으로도 빌어본다. 세상이 아름답고 나의 발걸음은 늘 가벼웠다. '구름 속을 걷는 육아'라는 말을 달고 살게 된 것은 아마 이때부터 시작된 것 같다.

첫 저서 《당신의 미래를 결정하는 보물지도 2》에서도 언급했지만, 나는 태어날 때 사랑받을 준비가 되어 있지 않았다. 엄마는 나를 가지는 일을 계기로 아빠와 결혼을 하게 되었는데 그 뒤로 결혼생활이 순탄치 않자 엄마는 마음고생을 심하게 하셨다.

행복한 결혼생활이 아닌 힘들고 비참한 현실로 인해 엄마는 나를 예뻐만 해주시기는 힘드셨던 모양이다. 지금이야 엄마와 많은 이야기를 하며 훌훌 털어버렸지만, 적어도 나는 아이를 계획해서 낳기로 결정할 만큼의 충분한 사유는 되었다.

태어날 아이를 위해 마음의 준비를 하는 엄마는 그렇지 않은 엄마보다 아이를 더 훌륭히 키울 수 있다. 뱃속에서부터 엄마의 그런 따뜻한 마음을 느낌으로 아는 아이 역시 그렇지 않은 아이보다 긍정적이고 밝게 세상을 살아가리라는 생각이 든다.

12월에 임신을 해서 이듬해 8월에 태솔이가 태어날 때까지 추운 겨울은 잠시였고 따뜻한 봄과 내가 좋아하는 싱그러운 여름이 임신기간이었다. 너무나 행복하고 축복받은 시간이었음을 지금도 감사하게 생각한다.

엄마의 밝고 긍정적인 마음가짐이 아이에게 전달되면 뱃속에서부터 아이의 뇌는 엄마의 감정과 느낌을 그대로 받아들인다. 박문일의 《태교는 과학이다》라는 책을 보면 다음과 같은 말이 나온다.

"태아도 오감을 느낄 수 있다. 다만 수정된 직후부터가 아닌 뇌세포의 조직화가 시작되는 24~26주 이후부터 느끼는 것으로 조사되었다. 이는 여러 가지 외부 환경에 민감하게 반응하는 태아를 면밀하게 관찰해 얻은 결과이다."

태아가 뱃속에서 엄마의 목소리를 듣고 편안한 상태로 있으면 세상에 나와도 아이 역시 편안하고 안정된 성향의 아이로 자랄 확률이 더 높은 것이다. 여기에 태교를 하면서 엄마가 공부까지 한다면 아이는 더 많은 지식까지 습득할 수 있을 것이다.

사람의 뇌세포 가운데 70%는 엄마의 뱃속에서 만들어진다고 한다. 인간의 뇌세포가 약 140억 개라고 하는데 약 100억 개 정도는 엄마 뱃속에서 생성되는 것이라고 하니 정말 태교의 중요성은 아무리 강조해도 지나치지 않는다.

아이의 뇌발달을 위해 나는 임신 전부터 엽산을 섭취했다. 예전 면세점생활을 하며 임신한 두 선배들의 이야기를 귀 기울여 들은 적이 있는데 한 선배는 엽산이 무엇인지도 모르고 만삭을 바라보고 있었다.

태교의 중요성을 열심히 설명하는 또 한 선배는 안타까워하면서 지금이라도 음식에 신경 쓰라고 충고하는 것을 보며 태교를 잘하는 사람은 먹는 것 또한 그냥 지나치지 않는다는 것을 알게 되었다.

어디 엽산뿐인가. 임신 전부터 엄마가 먹는 음식들은 태아가 나중에 뱃속 태내에 있을 때 모두 영향을 받는다고 하니 아이를 계획하면 먹는 것 하나하나도 조심히 먹어야 한다. 예전 'EBS 교육방송'에서 본 프로그램 중 인상 깊은 내용이 생각난다.

음식으로 인한 유전자 영향은 아이의 엄마뿐만 아니라 아이의 할머니까지 거슬러 올라간다. 할머니가 평소 드시던 음식과 엄마의 평소

음식은 태어나는 아이에게도 전해져 같은 유전자를 가지고 있다는 것이다.

나는 과거야 어떻든 간에 임신을 계획하고 나서는 먹는 것도 조심했다. 즐겨 먹는 음식이 아닌 태교음식으로 바꾸어 건강하고 질 좋은 음식들을 섭취하려고 노력했다. 앞에서도 말했지만 과일을 안 먹던 내가 과일을 박스째 사다놓고 줄기차게 먹는 모습을 보면서 신랑은 농담을 했다.

"다행히 제철 과일을 먹으니 돈도 많이 들지 않네? 이 여름에 귤을 먹고 싶다고 하면 두 봉지 사줄 거 하나만 사주었을 거야."

하지만 나도 지지 않는다.

"그깟 돈이 뭐라고. 나는 그래도 실컷 사 먹었을 거야."

분명 나는 그랬을 거란 생각이 든다. 돈 얼마에 내가 먹고 싶은 것을 아껴 먹는 사람은 애당초 아니었으니 말이다.

세빈이를 임신하고 나서는 고기가 그렇게 먹고 싶었다. 고기보다는 회를 좋아하는 나였는데 이상하게 먹고 싶은 것은 내 마음대로 되는 것이 아닌가 보다. 세빈이는 지금도 고기를 좋아한다. '뱃속에 있을 때 더 많이 먹지 않아서 이러나? 왜 이렇게 고기를 좋아할까?' 싶을 정도로 고기를 좋아한다.

하지만 세빈이를 임신했을 때는 약간의 우울증도 있었다. 둘째 계획이 있을 즈음 아버지가 돌아가시고 어느 정도 시간이 지나 세빈이를 임신하게 되었는데 여러 가지 죄책감으로 인해 아버지만 생각하면 울컥울컥 눈물이 나기도 했다. 게다가 큰아이 재희와 같이 있다 보니 체력적으로 힘들어서 늘 밝고 명랑하게만 보내지는 못했다.

그래도 날씨만 좋으면 무조건 재희를 데리고 놀이터로 나갔다. 뱃속 혜율이와 재희, 그리고 나는 셋이 이야기를 한다.

"날씨 너무 좋다! 그치 재희야?"

"네, 엄마! 혜율이는 뭐래요?"

"어? 어……. 좋다고 발로 엄마를 차고 있네!"

그리고는 셋이 모래도 만지고 그네도 타고 시장을 보러 간다.

혜율이의 정기검진 날은 온 식구가 병원 나들이다. 초음파사진도 네 식구가 다 같이 들어가 들여다본다. 태아의 얼굴 손발을 확인하는 날, 이날 혜율이는 유난히 왼쪽 다섯 손가락을 쫙 펴고 있었다. 나는 또 그때를 놓칠세라 아들에게 말한다.

"어머, 혜율이가 오빠 왔다고 인사하네! 재희야! 저기 보이지!"

"어, 진짜네. 안녕! 혜율아! 오빠 왔어!"

어느새 태담도 내가 아닌 오빠 재희가 더 많이 해준다. 기특하고 예쁜 두 녀석이다.

모든 아이는 영재로 태어난다는 말이 있다. 물론 맞는 말이다. 모두가 출발선에서 '응애' 하고 세상을 향해 첫발을 내디딘다. 하지만 더 깊게 들어가면 영재는 엄마의 뱃속에서부터 만들어진다.

태아 때부터 엄마의 사랑과 관심을 받은 아이가 보다 더 영재의 피를 가지고 태어난다. 임신을 하는 순간 엄마는 마음을 다잡아야 한다. 그 출발이 내 아이 인생의 첫걸음임을 명심하면서 말이다.

하루 30분
영재가 되는 대화법

아이들은 태어나면 옹알이를 시작으로 많은 표현을 하기 시작한다. 그러고 나서 돌을 전후로 말이 트이면서 보다 더 적극적으로 자신의 의사표현을 전달하다가 돌 이후 20개월을 넘기면서 폭발적인 언어전성기에 한 발짝 다가간다.

아이마다 다르겠지만 나는 보통의 이 과정도 엄마가 어떤 환경을 만들어주느냐에 따라 아이들의 언어 성장속도도 차이가 난다고 본다.

말을 빨리 떼는 아이가 영재가 되는 이유는 역시 뇌 발달의 성장에서 찾을 수 있다. 또한 말을 하는 시기가 또래보다 빠른 아이는 어휘력에 있어서도 현저한 차이를 보인다. 한 조사에 의하면 유아의 실제 어휘력은 아기 엄마가 아기에게 얼마나 많은 말을 했는가와 밀접하게 연관되어 있다고 한다.

이는 재넬렌 후텐로처(Janellen Huttenlocher) 박사가 실시한 실험인데 일반적으로 아기에게 말을 건네는 엄마보다 수다스럽고 많은 이야기를 해준 엄마의 아기들이 평균 130개나 더 많은 단어를 쓰고 있다는 것을 알아냈다. 또한 24개월을 넘기면 이 아이들은 그렇지 않은 아이들보다 평균 300개의 단어를 더 활용하면서 어휘력에 크나큰 차이를 보여주었다.

어휘력은 아기 때는 그렇게 큰 차이가 나지 않을지 모른다. 하지만 다양한 어휘력을 구사한 아이는 커서도 여전히 자유자재로 자신의 의사를 표현하고 이해력도 빠르다는 것을 알 수 있다. 이해가 빠르다는 것은 한 단계 더 어려운 단어나 문장들도 쉽게 받아들일 수 있으니 또래보다 앞서서 많은 것을 받아들일 수 있는 그릇으로 성장할 수 있다.

상담을 하면서 아직 말이 트이지 않은 아이를 두고 있는 엄마들에게 물을 때가 있다. 평소 아이와 나누는 대화는 어떤 대화인지, 주로 무엇을 가지고 이야기를 하는지, 한 번 이야기를 하면 몇 분 정도의 대화가 오고가는지 묻는다.

물론 책을 읽어주는 경우를 제외한다면 대부분은 엄마의 짧은 일방적인 설명이나 지시일 때가 많다. 어찌 보면 대화라고도 볼 수 없는 엄마의 최소한의 언어전달이라 볼 수 있다. 아이가 엄마의 말에 반응을 하고 대답을 하는 경우에도 많은 엄마들은 단답형으로 아이와 대화를 나눈다. 하지만 영재를 키워내는 엄마들은 아이와 대화를 나누어도 짧게 끝나는 법이 없다.

"밥 먹을 시간이네. 연우야! 밥 먹자!" 하고 아이에게 밥을 먹이면서 아이의 눈빛을 바라보고 또 한 숟가락 입에 넣어주는 엄마는 일반적인 엄마이고, "밥 먹을 시간이네. 연우야! 이리와 봐! 밥 먹자! 오늘은 엄마가 무엇을 만들었을까? 한번 볼까?" 하며 좀 더 구체적으로 설명하는 엄마는 영재의 가능성을 심어주는 엄마이다.

"희선아! 거기 사탕 들고 엄마한테 와!" 하는 엄마는 일반적인 엄마이고, "희선아! 네 옆에 놓인 빨간색 사탕 두 개만 들고 엄마한테 와!" 하는 엄마는 영재를 키우고 있는 엄마이다. 아이에게 한 마디를 해도 시간, 장소, 색깔, 위치, 개수를 말해주는 엄마는 아이에게 보다 구체적인 뇌 확장을 시켜주고 있는 엄마이다.

재희가 뱃속에 있을 때부터 혼자 중얼거리던 나는 아이가 태어나고는 본격적인 수다쟁이가 되었다. 모유를 해서 살이 빠지는 것이 아니라 아이를 들고 안고 보이는 곳마다 데리고 다니며 떠드는 것이 살이 빠지는 더 큰 이유였다.

먹이고 입히고 재우는 일 외에 아이와 단둘이 있으면서 나는 내가 알고 있는 이 세상의 모든 것을 최대한 알려주고 싶었다.

언젠가 아이는 나를 뛰어 넘어 큰 무대 위에서 살 것이고 지적호기심과 감성적 발달을 고루 갖춘 배려 깊은 아이로 성장할 것을 믿었기에 내가 하는 행동들에 대해서 자부심을 가졌다.

'내가 말하는 단어 하나하나 문장 하나하나를 아이가 제대로 받아들이고 이해하려나?' 하는 의구심 등은 한 번도 생각하지 않은 채 아이를 한 인격체로 믿었다. 말 그대로 이제 엄마 뱃속을 나온 몇 개월 안 된 아기이지만 대화로나 감성적으로는 나와 통하는 어른의 입장에서 말하고 생각했다.

재희의 6개월 된 하루 일과의 대화는 아침 인사를 시작으로 저녁에 잠들기 전까지 나만의 독백이었지만, 상대인 재희 입장에서 말하고 대답을 하고는 했다.

"잘 잤어요? 오늘 아침 손님이 찾아왔네. 참새가 얼른 일어나라고 재희에게 인사하나 봐요." 하며 재희의 옷을 입히고 이불 포대기를 둘러 현관 밖으로 향한다.

"엄마! 그래요? 어디요? 나도 나가 보고 싶어요."

"참새야, 안녕! 나무야, 안녕! 재희야, 너도 해봐!"

"참새야 안녕! 엄마가 그러는데 나한테 인사하러 온 거라면서?"

평상시 아이를 업고 동네에 나가면 "안녕하세요! 아줌마! 저는 두 살이에요. 재희랍니다!" 하면 지나가는 아줌마가 정말로 "오~, 그래. 재희야. 안녕! 다음에 또 보자!" 할 때도 있었다. 독백을 하다가 지나가는 행인도 등장하는 셈이다.

매일 매일을 꾸준히 하다 보면 어느새 재미도 있고 나도 모르게 다양한 상황이 연출될 때가 있다. 아이를 키우며 내가 삶을 즐기고 있었다는 것을 이때 많이 느꼈다.

아이와의 대화만이 아니라 아이에게 단어 하나를 설명할 때도 '이건 어려운 단어라 네가 못 알아들을 거 같으니 쉬운 말로 설명해줄게.'라는 생각으로 유아단어를 안겨주는 것은 위험하다.

강아지를 '멍멍이'로 과자를 '까까'로 아이에게 설명하다 보면 아이는 언젠가 그 단어를 또 한 번 번복해야 하는 쓸데없는 시간을 보내기 때문이다.

한 번씩 백화점이나 문화센터에 들르면 아이를 안은 엄마를 마주치게 된다. 아이에게 말을 건네도 있는 엄마도 있지만 대부분 침묵으로 일관하며 그저 가는 길에만 몰두하는 것을 본다. 그 시간은 아이와 충분히 대화를 나눌 수 있는 시간인데 가끔 안타까운 마음이 들 때가 있다.

아이가 세 살을 넘기면서는 반항심과 호기심이 생기면서 엄마는 정신적으로나 체력적으로 아이를 따라가기 바쁘다. 뭔가에 꽂혀 뛰어가는 아이의 옷자락을 잡아 이끄는 엄마보다는 아이보다 먼저 뛰어가서 뭔가를 궁금해하는 아이에게 "이것은 분홍색 진달래꽃인데 안에 벌레가 들어갔나 봐! 이것 좀 봐!" 하며 아이의 호기심을 자극하는 엄마가 더 여유롭다.

식당 안에서 이것저것 기웃거리느라 정신이 없는 아이에게 소리치며 다그치는 엄마보다는 "밥 나오기 전에 엄마랑 식당 둘러볼까?" 하며 하나하나 설명해주고 자리에 앉는 엄마는 존경스럽기까지 하다.

재희는 10개월에 말을 하기 시작해서 돌을 앞두고 많은 단어를 구사하기 시작했다. 그러다 정체기를 약간 거쳐 20개월에 폭발적으로 말을 하기 시작했는데 이때는 "이건 뭐예요?"를 달고 살았다.

지나가다 무언가에만 꽂히면 "이건 뭐예요?" 그러다 내 설명이 채 끝나기도 전에 "저건 뭐예요?"를 물어서 정말 어떤 때는 입술도 바짝 마르고 체력적으로도 힘들 때도 있었다. 그럴 때는 나 역시 한 박자 쉬어가기도 한다. 저만큼 걸으면 질문은 또 나올 것이므로.

엘리베이터나 에스컬레이터 같은 영어단어는 한글보다 아이들이 발음하기가 어려울 것이라고 생각하는 이유 때문에 많은 엄마들이 생략하거나 줄여서 쓰는 모습을 본다.

"저거 타자!"

"이건 '엘리'예요. 우리 '엘리' 타고 슝~가자!"

차라리 말을 안 한 게 낫지 않을까. 처음부터 '엘,리,베,이,터' 하고 또박또박 말해주는 것이 '엘리'나 '슝'보다 더 확실한 대화방식이다.

어차피 처음부터 아이는 단숨에 받아들일 수는 없다. '엄마'라는 단어를 수천 번 들어야 '엄마'라는 단어를 이해하고 내뱉듯이 "엘리베이터 타고 빨리 올라가자."라는 문장을 통째로 자주 듣는 것이 아이에게는 효과적인 방법이다.

재희는 존댓말이 생활화되어 있다. 돌이켜보면 어렸을 때 썼던 대화방법이 자연스레 몸에 밴 것이 아닐까 하는 생각이 든다. 어쨌든 초등학교에 다니고 있는 지금은 대화를 할 때도 어른과 대화하는 착각이 들 때가 있다.

대화내용이 초등학교 생활내용일 때를 제외하고는 일반적인 대화나 책을 읽고 대화를 할 때면 오히려 내가 문맥이 막힐 때도 종종 있다. 앞으로 재희가 나와 많은 이야기를 나누며 나를 당황시킬 일이 내심 걱정이다.

문득 재희가 다섯 살도 안 되었을 때 나눈 대화가 생각난다.

"엄마, 나는 서울에 사는데 할머니가 사는 부산은 어디에 있어요?"

"우리나라 안에서 자동차로 400km 정도 달리면 부산이라는 지방이 있지. 그곳에 사셔."

"우리나라는 어디 있는데요?"

"지구……. 그러니까(지구본을 가지고 와서 가리키며) 이곳이 우리나라, 한국이라는 곳이야."

"지구에서 튀어나오면 어디로 가요?"

"지구에서 튀어나오면 우주로 날아가겠지?"

"우주가 뭔데요? 많이 커요?"

그날 밤, 집에 있는 백과사전을 비롯해 책이란 책은 다 꺼내와 우주라는 덩어리를 아이와 씨름하며 공부를 한 적이 있다. 아이의 사고가 이처럼 커가고 있다는 생각에 뿌듯함도 느끼면서 지적호기심이 절정에 다다르는 모습이 이런 것인가 싶었다.

어릴 때 보다 많은 대화, 특별한 대화를 나눈 아이들은 대화를 하며 논리적이고 이성적인 결론에 다다르기도 한다. 헤일 브로너의《엄마의 말 한마디가 영재를 만든다》에는 아이와 엄마의 다음과 같은 대화가 나온다.

"'엄마, 나 시험에서 C 맞았어요!'

'그거 참 안됐구나!'

'무슨 말인지 몰라요? 이러다간 지금 이 과목에서 B를 맞을 수도 있단 말예요!'

'그렇다면 그때문에 일어날 수 있는 최악의 일은 뭐지?'

'학부성적 4.0은 물 건너가는 거죠.'

'그러면 그 후에 일어날 수 있는 최악의 사건은 뭐지?'

'하버드 대학엔 영영 못 가죠!'

'그래서 하버드 대학에 못갈 때 생길 수 있는 최악의 일은 뭔데?'

'음……. 아무것도 없죠, 아마 그럴 거예요. 하버드에 못 가면 다른 대학 가면 되지 뭐.'

이처럼 아이와의 끊임없는 대화는 아이가 영재가 되는 것을 넘어서 자신의 상황을 보다 현실적으로 직시하고 이성적인 판단을 하는 데에도 많은 영향을 준다. 아이가 어릴 적부터 구체적이고 다양한 대화법을 시도해보자.

매일매일 질 높은 대화를 아이와 꾸준히 해주면 아이는 보다 더 적극적이고 현명한 아이로 자랄 것이다. 하루 30분 아이의 눈빛을 보면서 대화하는 습관은 아이의 뇌를 자극하고 마음을 움직여 보다 더 큰 사고를 하는 아이로 키워낸다.

영재가 되는 환경을
만들어준다

태어난 아이들은 이미 백지 상태가 아니다. 아이에게 많은 대화를 나누며 아이의 반응을 살피는 것은 아이가 가지고 있는 능력을 인정하고 돕는 것이다. 거기에 엄마가 만들어주는 질 높은 환경은 그 몇십 배로 아이의 능력 발현에 박차를 가하는 수단이다.

이제 갓 낳은 아이들에게 모유수유를 하는 엄마들을 만나면 나는 어릴 때부터의 환경을 재차 강조한다. 아이는 엄마젖을 먹고 트림을 하고 발장난을 하면서도 오감은 무엇이든지 받아들일 준비가 되어 있는 상태이다. 이때를 놓치지 않고 끊임없는 자극을 주면 아이는 차곡차곡 지적능력을 쌓아갈 수 있다.

열 달 동안 태교와 태담을 열심히 하고 마음의 준비를 했다. 처음부터 제왕절개는 생각지도 않았던 터라 자연분만의 시작을 알리는 이슬이 비칠 때만을 기다리며 아이의 생일이 정해지는 날짜를 가늠해본다.

그러다 이슬이 비치는 순간 나는 오늘 혹은 며칠 안으로 엄마가 된다는 설렘을 안고 잠을 청했다. 하지만 알다시피 이슬이 비쳤다는 것은 곧 내 몸과의 전쟁의 시작을 알리는 신호였다.

드디어 몇 시간이 지나자 통증이 밀려온다. 막연히 '배가 많이 아플 것이다.'라고만 생각했는데 평상시에 상상해보았던 아픔이 아니다. 뱃속 저 깊은 곳에서 소용돌이가 치고 온몸의 뼈가 밖으로 튀어나오는 느낌이었다. 그 통증이 살짝 가라앉더니 10분 뒤 또 돌아온다. 이번엔 조금 더 빠르게 5분 간격으로 찾아왔다.

병원에 도착하면 바로 아기를 낳을 줄 알았는데 자궁 문이 열릴 때까지 시간이 걸린다고 한다. 아픔이 이렇게 계속되다가 미쳐 죽어버릴 수도 있겠다는 생각이 든다. 자궁 문이 다 열릴 때까지 누워서 기다리던 나는 소리도 지르지 못하고 입술을 깨물고 손톱으로 허벅지도 긁어보고 옆에 있는 벽에 주먹도 날려보았다. '출산의 고통이 이런 거구나.', '정말 다시는 아기 못 낳겠다.'라는 생각이 들면서 몇 번이고 손톱으로 벽을 긁어댔다.

아기가 나오자 살 것 같은 느낌. 그 경험은 신랑이 군대이야기를 할 때 몇 번이고 상대해 줄 수 있는 이야깃거리가 되었다. 지금 생각해보면 억지 같지만 그때는 아기를 낳지 않은 사람과는 말도 섞고 싶지 않을 만큼 출산전후의 고통이 힘들었다.

조리원을 퇴원하고 나서는 새로운 삶의 시작이었다. 드디어 아이와의 신나는 육아생활을 상상이 아닌 현실에서 경험하게 되다니 나 스스로에게 그리고 아이에게 하루하루는 축복처럼 느껴졌다.

"태솔아, 여기가 우리 집이야. 어때, 네가 생각한 대로 아늑하고 따뜻하지?"

"태솔아, 여기는 엄마 아빠랑 같이 잘 방이란다. 네 침대는 이렇게 파란색 이불을 깔아봤어? 마음에 들어?"

아기의 눈빛을 보며 말을 할 수 있다. 아기가 내 눈을 바라보며 많은 대답을 해주는 모습을 보며 나는 꿈이 아닌가 싶어 몇 번을 내 배를 만져본다. 꿈이 아니고 현실이다. 정말이지 이젠 실전이다.

태솔이의 침대는 내 침대 바로 옆에 놓았다. 그리고 그 옆에는 태솔이가 읽을 수 있는 책들이 한가득 꽂혀 있다. 아기가 눈을 뜨고 천장을 보면 모빌이 걸려 있다. 흑백모빌도 걸려 있고 칼라모빌도 바로 교체해주기 위해 침대 밑에 준비도 해두었다. 아기가 눈을 뜨면 바로 옆에는 초점 책을 펼쳐 두어서 내가 잠시 자리를 비워도 심심하지 않게 해두었다.

모빌을 보며 아기가 손도 들어 보이고 발도 차며 반응을 보인다. 그럴 때는 옆에서 여러 가지 설명도 해준다.

"태솔아! 이건 노란색 나비야. 이건 벌을 찾아다니는 꿀벌이고. 어때? 예쁘지?"

"태솔아! 엄마 생각에 너는 노란색을 좋아하는 것 같구나. 조금만 기다리면 엄마랑 나가서 진짜 나비도 보고 벌도 볼 수 있어! 기대되지?"

아기가 모빌을 보고 온몸을 흔들어 반응을 나타내자 나는 너무나 신이 났다. 누워서 바라볼 아기의 시선을 상상하며 좀 더 밝고 선명한 색상을 넣어주자는 생각에 풍선을 불어 침대 중앙과 모서리에 달아두었다. 색상만 달리 하는 것이 아니라 풍선의 크기도 다양하게 불어서 묶어두었더니 아기는 더욱더 세찬 발길질로 반응을 해주었다. 이것이 누워서도 영재교육이 가능한 이유다.

이미 태어날 때부터 오감이 열린 상태라는 것을 믿었던 덕에 좀 더 다양한 자극에 대해 나는 연구하고 공부하게 된 것이다. 여러 가지 시각적 자극을 주면서 나는 모빌이나 풍선에 실을 묶어 아기의 손이나 발에 그 실을 연결해주는 시도도 해보았다.

역시 태솔이는 더욱더 신이 나는 몸동작으로 춤을 추며 그 작은 입으로 탄성을 지른다. 까르르 웃으며 엄마인 내게 즐거워하는 모습을 보여주었던 그 순간들은 내 작은 노력에 보답해주는 큰 선물임을 기억한다.

아침인사를 시작으로 아기를 안고 거실로 나가 벽에 붙어 있는 여러 가지 그림을 보여주며 세상을 알려준다. 동물원 그림도 있고 사물 그림도 있고 상상 속에서나 볼 수 있는 아름다운 그림들을 통해 엄마와 함께 아기는 여행을 떠난다. 밖으로 나가기 전 내 집은 아기의 첫 놀이터이자 처음으로 엄마에게 배우는 학교가 되는 셈이다.

그림들을 통해서만 사물을 보는 것이 아니다. 아기를 업고 안으며 집안 곳곳을 둘러보며 사물을 가리키며 단어를 인지시킨다.

"이건 식탁이에요. 밥을 먹는 식,탁!"

"이건 아빠가 일할 때 쓰는 컴퓨터예요. 컴,퓨,터!"

그러다가 아이가 내 옷에 붙어 있는 단추에 응시하면 그 틈을 놓칠세라 바로 이야기 해준다. "엄마 단추를 보고 있구나. 이건 엄마 단추예요. 단,추!"

엄마들을 만나면 자주 받는 질문 중에 하나가 어떻게 책만 읽혀서 한글을 빨리 떼었냐고 한다. 그때는 책만 읽혀서 한글을 떼었다기보다는 사물인지를 통해 단어를 많이 이해시켜주는 것도 중요한 과정임을 설명해준다. 나는 재희에게 이런 과정을 매일 반복했다.

재희가 이유식을 먹기 시작하자 나는 식탁에 갖가지 사물 스티커를 붙여놓았다. 한 숟가락 먹이고 손가락으로 식탁에 붙어 있는 '호박'이라는 그림을 보여주면서 설명을 해주고 천천히 또박또박 '호,박'이라고 이야기를 해주는 식으로 여러 가지 사물을 알려준 것이다. 어제도 오늘도 내일도 열 개 남짓 붙어 있는 스티커를 보여주다가 어느 날 아이에게 묻는다.

"재희야! 호박 어디 있어요?" 하고 물으면, 신기하게도 말을 잘 못하는 시기임에도 정확히 손가락으로 가지 옆에 붙어 있는 호박이라는 그림을 짚어낸다. 이때는 아이가 사물을 인지했다는 결과이다. 아이가 내가 말한 사물을 짚어낼 때의 그 환상적인 기분은 겪어본 사람은 알 것이다. 그렇게 아이와 나는 하나씩 작은 성취감으로 사물인지를 해나갔다.

아이를 키우는 집은 환경이 남다를 수밖에 없다. 그중에 아이가 보는 책은 빠질 수 없는 환경변화의 첫 번째 순위이다. 나는 재희가 어릴 적부터 단행본, 전집 할 것 없이 많은 책을 가지고 있는 엄마로 유명했다.

동네 엄마들은 우리 집에 오면 그 많은 책을 보며 도서관이 따로 없다고 웃어 넘겼지만, 발 디딜 틈이 없어 이리저리 피해 다니는 상황에서는 눈살을 찌푸리기도 했다. 하지만 아이에게는 그런 환경이 더할 수 없는 호기심을 자극하는 환경이 된다는 것을 나는 일찍부터 실감하고 있는 중이었다.

아기가 엎어져서 놀 때도 책이 있고, 기어 다닐 때도 책이 있다. 걸어 다니며 발에 치이는 것이 책이고 뛰어놀다가 손에 잡히는 것이 책인 환경이었다.

아기가 어릴 때 엄마가 책을 읽어주는 것도 중요하지만 그 책을 책꽂이에 넣어만 둔다면 아이는 그 책에 대해서 잊어버리고 만다. 엄마가 읽어준 책이 아이 근처에 있어야 또 들여다보고 읽고 싶은 충동이 생기는 것이다.

이 환경은 아기가 한글을 떼기 전부터 두드러지게 나타나는데 조금만 신경 써서 아이 주변에 책을 흩뿌려주면 "엄마! 또, 또!"라며 책을 손에서 놓지 않는 아이로 자라게 된다.

비록 재희가 어릴 때 우리 집은 엄청 지저분하게 보였을지 모르지만, 지금 재희는 책을 좋아하는 아이로 자랐다. 엄마·아빠에게 묻기보다 책으로 세상을 탐색해가는 아이가 그때의 환경으로 이루어진 것이다.

지금은 딸 세빈이가 책을 두루 가지고 노는 시기라 거실이며 방이 그때의 환경으로 또다시 돌아와 있다. 하지만 개의치 않는다. 말하지 않아도 스스로 책을 통해 세상 구경을 하는 딸아이가 너무나 행복해보이기 때문이다.

엄마와 노는 것이
교육의 첫걸음이다

"어서 오세요!"

"이거 얼마예요?"

"50원입니다. 두 개 사세요!"

"여기 있습니다."

어느 날 들리는 재희와 세빈이의 마트 놀이이다. 아이가 이렇게 놀게 되기까지 엄마인 나는 아이와 역할놀이를 꾸준히 해주었다. 아이가 말을 조금씩 할 때 엄마는 아이에게 세상에서 겪게 될 많은 경험을 미리 맛보여주며 상대역을 해준다.

아빠·엄마 역할을 비롯해 마트직원, 은행직원, 선생님 등 많은 사람의 입장에서 생각하고 대화하는 것을 아이에게 미리 보여주면 아이가 그 경험 등을 자신의 역할놀이로 표현해낸다.

엄마와 노는 것은 그저 단순한 놀이 같지만 아이에게는 귀중한 경험이면서 세상을 미리 공부하는 작은 사회인 것이다. 역할놀이를 하며 사회성을 미리 연습한다는 것은 아이가 커가면서 가지고 가야 할 자신감, 성취감, 배려심이 저절로 배이도록 도와준다.

나는 재희가 기어 다닐 때부터 혼자 아이 앞에서 춤을 추며 노는 모습을 보여주었다. 음악을 크게 틀어놓고 흥에 취해 흔드는 모습을 보며 재희는 즐거워했다. 아이가 좀 더 자라면서는 아이와 음악에 맞추어 손을 잡고 춤을 추었다.

긴 치마를 입고 빙글빙글 돌아가는 나의 모습을 보면서 재희도 따라서 빙글빙글 춤을 추고 노래도 부르더니 시간이 지나자 재희는 춤을 출 때 알맞은 곡을 직접 고르기 시작했다.

엄마와 노는 것은 이 세상을 다 얻는 것만큼이나 신나고 즐거운 일이 될 수 있다는 것을 어릴 때부터 보여주었던 것이다.

블록을 좋아했던 재희가 블록 하나하나 쌓아갈 때는 맞장구도 쳐주고 일부러 져주기도 한다. 블록을 하나씩 올려가며 진지한 태도를 보이는 얼굴은 아이 얼굴이지만 사뭇 진지하기까지 하다. 그 행동을 하면서 아이는 집중과 몰입을 통해 성취감과 자신감을 배우는 것이다.

물론 블록놀이가 잘되지 않을 때는 울음 섞인 목소리로 짜증도 내지만, 그때는 엄마가 용기를 주면 된다. "블록이 자꾸 떨어지는구나. 블록아, 재희가 올릴 때는 가만히 좀 있어 봐! 살살 올려 줄 테니까!" 그리고는 약간만 도와준다.

때로는 아이가 놀이 진행이 잘되지 않아 짜증을 낼 때 가만히 지켜보는 부모들을 만난다. '어쩌라구! 세상엔 잘 안 되는 일도 있단다!'라는 눈빛을 보이며 아이에게 포기를 가르치기도 한다.

어떤 때는 승부욕을 가르친다며 아이와 놀면서 무조건 이겨서 아이를 울리는 부모를 만나는데 그건 좀 더 아이가 커서일 때이다. 아이가 실패를 알고 포기라는 것을 인정할 때는 자아가 확립된 36개월 이후에 해주면 안전하다. 하지만 이 또한 아이마다 다르니 아이에게는 자신감과 성취감이 우선시되고 나서 선택하면 될 일이다.

유명한 마시멜로 실험이 있다. 실험관이 아이들에게 "10분 동안 마시멜로를 먹지 않고 참는 친구에게는 마시멜로를 하나 더 줄게요."라는 실험이다. 어떤 아이는 오래 기다리지 않고 바로 삼키는 아이가 있는가 하면, 어떤 아이는 실험관이 다시 올 때까지 기다렸다가 마시멜로를 더 받았다.

실험이 끝나고 10여 년의 세월이 흘러 그 아이들의 성장과 삶에 대해 비교 분석해보니 상당한 차이가 났는데 예상대로 마시멜로의 유혹을 참은 아이들이 더 긍정적이고 적극적인 아이로 자랐다는 실험이다.

이런 결과는 무엇을 의미하는 걸까? 어릴 적부터 만족지연능력을 습관화해온 아이들이 성장하고 어른이 되어서도 긍정적이고 바른 아이로 자란다는 것을 말해주는 것이다. 이런 만족지연능력은 처음부터 생기지 않는다. 부모가 어릴 때부터 잦은 만족감과 성취감을 이룰 수 있는 환경을 만들어주었기 때문에 가능한 일이다.

마시멜로 실험을 예로 들 때마다 나는 사람들이 전자로 훌륭하게 자란 친구들만 기억하는 게 못내 아쉬울 때가 있다. 질 좋은 환경으로 인해 부모로부터 만족감을 충분히 누린 아이들이 바르게 성장하는 것은 당연한 일이겠지만, 그렇지 못한 아이들이 왜 계속해서 그렇게밖에 자랄 수 없었는지 안타까운 마음이 들기 때문이다.

자라면서 어른이 될 때까지 자신감과 성취감을 자주 맛보게 해주었다면 후자인 아이들도 보다 더 적극적이고 긍정적으로 자라지 않았을까 싶다.

아이들이라고 스트레스가 없을까? 아이들과의 놀이가 행복한 이유는 한바탕 잘 놀고 나는 아이들은 잠도 잘 자고 엄마 말도 더 잘 듣는다. 특히 바깥놀이를 하고 나는 날은 밥도 더 잘 먹고 목소리도 더 밝아지는 아이들을 발견한다. 놀이가 교육이라고는 하지만 아이들 역시 놀이로 카타르시스를 느끼며 스트레스를 해소하는 것이다.

어른과 마찬가지로 아이 역시 카타르시스를 느끼며 부정적인 감정을 정화하고 마음을 비우는 것이 꼭 필요하다. 가끔 아이들이 누군가의 흉내를 내며 놀이를 할 때가 있다. 선생님일 수도 있고 부모일 수도 있고 친구흉내를 낼 수도 있다. 짜증나고 속상한 일이 있을 때 엄마와 놀았던 기억으로 역할놀이를 하며 지내는 모습을 보면서 '아이가 스트레스를 푸는 중이구나.'라는 생각으로 바라본 게 된다.

엄마와 노는 일이 행복한 아이는 다른 사람과도 잘 지낸다. 재희가 어릴 적 엄마들 모임에 나갈 때 관찰한 일 중에 하나가 다른 엄마들이 아이와 놀아주는 모습이다.

아이는 아이끼리 놀게 하고 엄마들끼리 커피를 마시면서 수다 떠는 사이 아이는 아이들에게 둘러싸여 장난감을 가지고 다투거나 우는 모습을 볼 때 나는 어릴수록 엄마와 노는 것이 훨씬 중요하다는 것을 실감했다. 자아가 생기는 그 시간에 아이들의 감성을 아이가 읽어주는 것은 불가능한 것임에도 엄마들은 곧잘 아이끼리 노는 아이가 더 잘 큰다고 생각한다.

하지만 아이들끼리 잘 어울리기 전에 엄마는 충분히 아이와 놀아주어야 한다. 아이 안에 싹트고 있는 세상을 바라보는 시선들을 엄마가 놀면서 잡아주어야 커서 다른 아이들과 놀 때에도 여유로운 마음을 가지고 대할 수가 있다.

"아이와 어떻게 놀아줘야 할지 모르겠어요."

"아이에게 책을 읽어주는 것이 놀아주는 것 아닐까요?"

"아이는 어른보다는 아이들끼리 놀아야 사회성도 배우죠."

아이와 노는 것에는 방법이 없다. 눈에 보이는 집안 물건들을 이용해 놀 수도 있고, 상상놀이를 통해 아이의 뇌를 자극시켜줄 수도 있다. 책을 읽어주고 책에서 나온 그림들과 이야기를 자연에 나가 관찰하고 스토리를 만들어준다. 아이가 배우는 사회성은 어른 밑에서 배워야 안전하고 효과가 크다.

희준이 엄마는 아이가 초등학교 입학을 앞두고 있는 시점에 많은 고민을 했다. 어릴 때부터 TV에서 봐왔던 장난감들을 많이 사주었더니 끝이 없더라는 것이다.

시리즈물로 나온 장난감은 익히 알던 대로 끝이 없다. 하나 사주면 아이가 얼마 가지 않아 싫증을 내고 더 업그레이드된 장난감을 찾고 예전 것에는 눈을 돌리지 않는단다. 아이는 보다 더 큰 스케일을 원하고 다양하고 자극적인 장난감을 발견하면 엄마를 조르게 되는 것이다.

만약 희준이에게 장난감이 아니라 더 자주 자연과 접해주고 많은 이야기를 하며 엄마와 노는 시간이 많았다면 어땠을까 싶다. 손에 마음에 드는 장난감이 잡히지 않아 불안해하는 대신 앞으로 입학하게 될 학교생활이야기를 하며 상상놀이에 빠져 지내는 일이 더 많았을 것이다.

아이와 노는 일을 겁부터 내지 말자. 아이와 노는 일을 교육과 따로 생각할 것이 아니라 놀면서 아이는 많은 것을 배운다는 사실을 기억하자. 그러므로 아이가 노는 장난감, 책은 신중하게 선택해야 할 것이다.

시중에 나와 있는 장난감이 아니라 엄마표 장난감, 엄마표 수업에 보다 더 투자해보자. 아이는 엄마와 노는 시간을 소중히 할 뿐만이 아니라 엄마 품속에서 앞으로 배우게 될 여러 가지를 미리 습득하는 것이다. 엄마와 노는 것은 앞으로 거치게 될 수많은 교육의 첫걸음이다.

감성교육이 영재교육에
날개를 달아준다

"안 돼! 성민아, 자리에서 일어나!, 안 그러면 엄마 정말 화낼 거야!"

성민이 엄마는 앉아서 벽에 머리를 찧고 있는 성민이를 향해 소리를 쳤다. 얼마 전 아이와 병원에 다녀온 결과 아이는 '비디오 증후군'이라는 병명으로 고생을 하고 있다고 했다. 머리만 찧는 것이 아니라 마음에 들지 않는 일이 있으면 바닥에 드러누워 소리를 지르며 감정조절을 못 한다는 것이었다.

왜 이런 결과가 나왔을까 성민이 엄마와 이야기를 해보았다. 어릴 때부터 남들이 다 한다는 교육을 미리 하고 싶어 하루에 수십 개씩 단어를 주입하고 비디오를 보여주었다고 했다. 그래서 그런지 성민이는 또래에 비해 똑똑하고 초등학생들이나 맞출 수 있는 레고도 빠른 시간 안에 뚝딱 한 작품을 만들어내는 아이였다. 그런데 이렇게 똑똑한 아이가 문제를 일으킴에도 불구하고 조기교육을 거론하는 것이 내 눈살을 찌푸리게 했다.

흔히 조기교육을 반대하는 사람들의 의견을 들어보면 아이의 부정적인 측면을 들어 조기교육이나 영재교육에 돌을 던진다. 모든 아이들이 단어를 익히고 비디오를 본다고 자폐증이 걸리거나 질 나쁜 병명을 얻게 된다면 조기교육은 애초부터 사라져야 할 화두이다.

올바른 영재교육은 일방적으로 뇌만 자극하는 주입식 교육이 아니다. 아이의 성향을 파악하고 아이의 뇌 발달에 맞는 적절한 교육이 바른 영재교육이다. 또 두뇌의 발달만을 근간으로 두는 것이 아니라 아이의 마음을 읽어주고 눈높이로 공감대를 형성해주는 감성교육이 실제로 우리가 추구하는 영재교육이다.

재희가 어릴 때 또래보다 빠른 아이의 모습을 보며 몇몇 사람들은 이런 이야기를 했다.

"아이가 똑똑한데 서울대 보내세요!"

"아이가 똑똑하니 영재테스트는 꼭 받아봐야겠네요!"

왜 아이가 똑똑하면 서울대에 보내야 한다고 생각하는 것일까? 나는 속으로 '왜 하버드 대학교에 보내란 말은 안 하고……'라며 어이없어 했다.

아이가 똑똑하면 꼭 영재테스트를 받아야 하는 걸까? 아이는 또래보다 앞서가며 많은 부분 어른들을 놀라게 했지만, 내 아이는 누군가에게 보여주어야 할 작품은 아니다. 서울대나 영재테스트로 아이를 시험에 들게 할 것이 아니라 아이자체가 특별하고 제대로 발달해가고 있다는 과정에 더 의미를 두어야 한다고 생각한다.

아이의 지능은 어른보다 앞서갈지 모르지만 아이의 감성은 또래에 머물고 있음을 늘 염두에 두어야 하는 것이 감성교육을 토대로 한 제대로 된 영재교육이다.

자칫 두뇌발달에만 초점을 맞추는 똑똑한 영재가 되는 것은 많은 위험을 동반한다. 아이의 감성은 어루만져지지 않은 채 그저 아이큐가 높은 것에만 초점을 맞추는 영재교육은 사회적으로도 많은 피폐가 있고 가족이나 아이 모두에게도 불행한 결과를 안겨준다.

감성적으로 아이에게 다가가는 것은 어릴 때부터 놀이를 통해 더욱 가깝게 다가갈 수 있다. 아이가 엄마와 놀면서 느끼는 감정은 잘 다듬어져 주면 따뜻하고 배려 깊은 아이로 자라는 데 큰 몫을 차지한다.

그런 의미에서 역할놀이는 감성교육의 튼튼한 토대가 된다고 볼 수 있다. 나 역시 어릴 적 엄마와 놀며 이런 역할놀이를 한 적이 있다. 종이인형 놀이를 하다가 인형의 팔부분이 찢어져 엄마에게 말했을 때, 엄마는 어서 수술을 해주면 좋겠다며 종이로 만든 인형을 필통에 눕혀 병원으로 가는 흉내를 냈다.

그리고는 인형의 팔을 스카치테이프로 감아 퇴원해도 된다며 의사 역할을 해준 것이다. 나는 감사하다고 인사하며 그 인형이 마치 나인 듯 어서 일어나 예쁜 옷을 고르러 나갈 준비를 했다. 나와 인형이 한 몸이 된 채.

그때 느꼈던 엄마와의 역할놀이는 지금도 잊을 수 없는 따뜻한 장면으로 기억된다. 종이가 찢어져서 속상해하고 있을 나의 마음을 어루만져 주는 엄마와 그 속에서 '병원'이나 '수술', '의사'와 같은 단어를 나도 모르게 습득하고 있었을 그 순간이 엄마와의 포근한 시간이면서 하나의 교육의 장이었다.

한창 유행하고 지금도 놀이방 이름으로까지 그 영향력을 행사하는 '구름빵 이야기'가 있다. 종이로 만들어진 친구들이 구름을 넣어 반죽한 빵을 먹으며 하늘을 날고 현실적으로 불가능한 일들을 하나씩 이루어가면서 꿈을 꾸듯 세상을 살아가는 재미있는 이야기이다.

TV로도 보고 서점에 나가 책으로도 이 친구들을 만나며 놀았던 재희는 나와도 이 상상놀이를 이어나갔다. 커다란 상자를 세로로 세워두고 '재희네 빵가게'라는 현수막을 만든다. 또 한 상자는 옆으로 길게 늘여놓고 매대를 만든 다음 여러 가지 물건들을 올려놓고 상상놀이를 시작한다.

어떤 것은 곰보빵, 어떤 것은 바게트 빵, 또 어떤 것은 방금 나온 식빵으로 둔갑한다. 그 사이에는 새롭게 재희네가 만든 헝겊으로 만든 구름빵도 판다.

"아저씨! 구름빵 하나만 주세요!"

"네, 오백 원입니다!"

"이거 먹으면 정말 날 수 있나요?"

"네? 네……."

재희에게 오백 원을 건넨 손님인 나는 구름빵을 받아 한 입 먹는다. 그리고는 "구름 구름 구름빵~"이라는 노래를 부르며 천천히 일어나고 두 팔을 벌려 하늘을 나는 몸짓을 보여준다.

그러다가 소파 위에 올라가고 의자 위에도 올라가며 구름빵을 먹고 나서 느낀 점을 하나씩 말해준다. 처음에 놀란 눈으로 나를 바라보던 재희는 신이 나서 역할을 바꾸자고 엄마인 내게 조른다.

"손님! 하늘을 나니 기분이 어떠신가요?"

"너무 좋아요. 구름빵을 먹으니 날 수 있어요!"

아이와 함께 빵을 만들고 먹고 놀았던 그 역할놀이는 너무도 행복한 시간이었다. 지금은 그 '구름빵 놀이'를 동생 세빈이와 같이 하며 즐거운 시간을 보내는 재희를 바라본다. 엄마와 같이 했던 역할 놀이를 생각하며 이제는 동생을 챙기고 놀아주는 의젓한 오빠가 된 것이다. 그런 두 녀석을 보면 아이와 함께 하는 시간이 마냥 행복하다.

아이가 감성교육에 눈을 뜨면 학습효과 또한 그 몇 배 이상의 결과를 가져온다. 엄마가 주입하는 일방적인 교육이 아니라 모든 것이 놀이 학습이 되는 것이다. 한글을 뗄 때도 영어와 친숙해질 때도 나는 아이의 감성을 자극하는 놀이위주의 교육 아닌 교육을 노렸다.

한글은 반드시 아이가 떼어야 하는 과정이지만 지루하지 않고 즐길 수 있는데 초점을 맞추고 영어나 다른 외국어를 접할 때도 친숙한 감성놀이로 아이와 함께 했다.

매일매일 놀이를 통해 알파벳을 익힌 재희가 재미있는 이야기를 해주겠다며 엄마를 부른다. 이야기인즉슨 "엄마, 옛날에 A가 살고 있었어요. 하루는 가다가 B를 만났어요. A가 어디 가느냐고 물으니 B는 C를 만나러 간대요……"였다.

알파벳을 가지고 자유자재로 이야기를 만드는 재희를 보면서 스스로 학습을 놀이로 승화시키는 놀라운 재주에 나는 감탄하지 않을 수 없었다. 아이는 역시 엄마가 해준 대로 아니 그 이상의 결과를 보여주며 자란다는 말을 실감하는 순간들이었다.

감성이 풍부한 아이는 이야깃거리가 풍부하다. 아이는 상상력을 통해서 보다 많은 생각을 하고 그릇을 키워가며 자란다. 가끔 엉뚱하지만 어른은 상상할 수 없는 이야기보따리를 만들었다가 풀고 또 만들었다가 고치고 자신만의 세계에 빠져든다. 그 속에서 보이는 몰입과 집중은 나날이 발전하고 성장을 거듭한다.

하루는 지인 가족이 놀러와 나들이 준비를 하고 있었다. 마침 그날은 '부처님 오신 날'이라 우리는 가까이 있는 절에 가기로 했다. '부처님 오신 날' 행사로 인해 사람은 많았지만, 절에서 밥도 먹고 가까운 산도 둘러보며 즐거운 시간을 보냈다. 그러다가 문득 재희가 묻는다.

"엄마! 부처님은 왔다 가셨어요?"

"어? 오늘이 부처님 오셨던 날이긴 한데……."

"몇 시에 오셨는데요?"

"……."

아이들의 상상력은 감히 짐작할 수가 없다. 아이의 감성이 풍부해지면 순수한 마음이 그대로 드러나면서 생각의 폭과 깊이가 어른의 생각을 뛰어 넘는다.

어릴 때부터 일방적인 학습을 넣어주기 전에 아이 마음을 읽어주는 순수한 부모가 되어보면 어떨까. 감성교육은 아이를 무한계 인간으로 자라게 한다. 감성교육은 영재교육에 날개를 달아준다.

영재를 만드는
한글놀이는 따로 있다

한글놀이는 책을 기반으로 한다. 물론 책 없이 엄마가 많은 이야기를 해주고 지나가다 보이는 간판이나 집에 있는 플래시 카드로 아이와 한글놀이를 재미있게 연출하면 한글을 뗄 수도 있다. 하지만 책을 활용한다면 아이는 더 많은 이야깃거리를 접하며 더 자주 글자에 노출이 되어 훨씬 빠른 속도로 글자를 뗄 수가 있다.

흔히들 한글을 뗀다고 하면 집에 붙여놓은 한글 카드를 줄줄 읽힐 생각이 앞서 한글 떼어주기를 주저한다거나 어떻게 진행해야 할지를 몰라 학교 가기 얼마 전 급한 마음으로 학습지를 시키는 엄마들을 볼 때가 있다. 물론 글은 말과 마찬가지로 빨리 시작하면 시작할수록 아이의 습득 능력 또한 빠르다. 하지만 방법을 보다 간단하고 쉽게 접근하지 않으면 자칫 아이나 엄마가 쉽게 지치고 한글 떼기를 어렵게 생각하게 하는 것이 문제가 된다.

간혹 한글을 빨리 떼는 것에 걱정하는 엄마들을 만나면 아이에게 어떤 시도를 해보지도 않고 엄마가 먼저 단정 짓는 것을 볼 때가 있다. 아이는 책에 관심을 보이고 글자에도 분명히 궁금해하는 점이 있는데 엄마가 미리 앞서 걱정을 하는 모습을 볼 때 나는 그 또한 아이의 잠재력에 한계를 두는 것 같아 안타까운 마음이 든다.

아이가 언어인 말을 늦게 하고 걱정하면서 한글을 떼는 것에 일정한 한계를 긋거나 시기를 늦추려는 이유는 말과 한글을 따로 생각하는 데서 오는 잘못된 생각이다. 말이나 글자는 생활을 해나가는 데 필요한 가장 기본적인 도구이자 수단으로 생각하면 쉽게 접근할 수 있는 것이다.

아이가 말을 시작할 때부터 엄마는 다양한 언어를 구사해줄 필요가 있다. 엄마에게 들었던 이야기나 주변 사람들로부터 들었던 다양한 단어나 문장들을 책에서 확인하고 놀이로 카드에 쓰여 있는 글자를 쉽게 익힌 아이들은 한글 떼기를 학습으로 생각하지 않는다. 그저 하나의 생활이고 습관이고 놀이이다. 난 이 사실을 카페 '엄마성장학교'에서도 강조한다.

놀이로 한글을 뗀 아이들은 분명 책을 좋아할 수밖에 없다. 책을 좋아하면 읽고 싶은 충동이 생기고 보다 더 읽기 독립이 빨리 이루어진다. 읽기 독립이 빨리 이루어지면 엄마가 읽어주지 않아도 스스로 좋아하는 분야의 책을 또래보다 파고드는 힘이 생기는 것이다.

재희에게 매일매일 단어를 알려주는 것은 아이가 이미 모든 것을 받아들일 준비가 되어 있음을 믿고 있던 덕분이기도 하지만 조금씩 보여주는 아이의 반응이 더 확실한 계기가 되었다. 아이에게 많은 이야기를 해주고 단어를 말해주며 글자를 보여주기 위해서 처음에 나는 단어를 분류해서 카드를 붙여놓았다.

처음 아이가 접한 단어는 집안에 있는 여러 가지 사물이다. 이때의 카드는 그림과 글자가 한 장에 같이 쓰여 있는 카드가 좋다. 한눈에 글자와 그림을 보며 아이가 통글자로 뇌에 필름처럼 찍기 때문이다.

또 글자 위에 그림을 덧그려놓은 카드도 아이의 연상 작용을 자극시켜 글자를 통째로 찍는 데 도움이 된다. 시계, 의자, 컵 정도의 세 단어의 카드를 열흘 동안 거실에 붙여놓는다. 거실뿐만이 아니라 똑같은 카드를 만들어 안방, 작은 방에 붙여놓고 일정 기간 동안 오며가며 이야기해 준다.

그렇게 열흘이 지나면 이번에는 과일인 포도, 사과, 딸기 카드를 같은 방법으로 붙여 놓는다. 이 또한 거실뿐만이 아니라 아이가 다니는 곳곳에 붙여놓고 오며가며 설명해준다. 물론 먼저 붙여놓았던 사물카드 옆에 붙여주면서 말이다.

다시 열흘 정도가 지나면 이번에는 엄마 · 아빠 · 할아버지 · 할머니와 같은 카드도 붙여주었는데 이때는 그림이 아니라 직접 찍은 사진을 코팅해서 그 밑에 엄마 · 아빠와 같은 단어를 써주었다.

아이가 오며가며 엄마가 하는 말들을 한 달 동안 듣고 지냈다. 이번에는 아이에게 엄마가 말하는 소리의 그림을 손가락으로 짚어보라고 해본다. 그림이 되었든 글자가 되었든 상관없다. 아이는 글자도 무의식속에 넣어놓고 있는 과정이기 때문이다.

이번에는 글자와 그림이 있는 카드의 뒷면을 붙여본다. 뒷면에는 그림 없는 통글자만 있을 뿐이다. 아이가 말하는 대로 글자를 짚으면 성공이지만, 못 짚었다면 다시 앞의 그림을 보여주고 넘어가면 된다. 아이는 이런 식으로 놀이를 하지만 사실 많은 단어를 익히고 있는 셈이다.

그 한 달이 지나고 나면 익힐 글자도 있지만, 놓친 글자도 있을 것이다. 하지만 상관없이 이번에는 놓친 글자를 포함해 또 다른 사물카드를 섞어 붙여놓는다. 이런 식으로 카드 수를 늘려가며 아이에게 설명을 해주다 보면 아이가 제법 많은 단어를 습득했음을 알 수 있다.

아이가 24개월 정도가 되면 엄마와 더 구체적이고 사실적인 놀이가 가능하다. 재희에게 나는 카드에 과일 이름과 생선 이름 등을 써서 시장놀이를 했다.

"아저씨, 이건 배예요. 하나 사가세요!"

"아저씨, 이건 고등어예요. 맛있겠지요?"

내가 이런 말을 하며 카드를 재희의 장바구니에 넣어준다. 신이 난 재희는 고등어를 포함한 다른 생선 카드 등을 가지고 또 다른 생선가게를 차리며 나와 역할을 바꾼다.

재희와 한글놀이를 하며 나는 동물이름이 써진 카드들도 참 많이 의인화했다. 사자, 호랑이 등의 카드를 벽에 붙여놓고 많은 이야기를 해준 것이다.

사과를 먹고 있을 때는 "재희야! 우리 사자한테도 사과 한 입 주고 오자! '사'자 똑같이 쓰니까 한 입 주고 올까?" 그러면 재희는 '호랑이' 카드 옆에 가는 것을 잠시 멈추고 '사자' 카드 앞에 가서 사과를 비비고 온다.

아이와 노는 카드놀이는 나날이 재희의 실력을 늘려주었다. 하루는 많은 단어를 익히고 있는 재희의 실력을 나만 알고 있기는 아까워서 재희 아빠에게 놀이를 부탁했다. 아이의 교육에 대해서는 전적으로 나를 믿어주고는 있었지만, 아빠와의 놀이도 더없이 중요하기에 가끔 아빠를 동참시키기도 했다.

제법 어려운 단어를 포함해서 여러 가지 단어를 초록색 벨크로 칠판에 붙이고 몇 미터 떨어진 곳에 아빠와 아들은 서 있다. 엄마인 내가 "세탁기!"란 단어를 외치면 둘은 동시에 튀어나가 그 단어를 집어온다. 하지만 동시에 나간 것이 아니다.

아들의 테스트를 염두에 둔 우리 부부는 슬그머니 뒤로 빠져 아들이 집어올 카드를 내심 기대해본다. 열 개 중 세 개만 먼저 집어오고 승리는 아들이 거머쥐는 늘 아들을 위한 게임이었다.

카드놀이가 한창일 때에도 재희와 나는 적게는 10권에서 많게는 70권까지의 책을 읽었다. 70권까지 읽은 날은 며칠 되지 않지만, 꾸준히 매일 읽은 책은 아이의 읽기독립을 만들어주는 데 크게 기여했다. 아이가 한글을 뗀다는 것은 100% 떼어야 떼었다고 말할 수 있다. 이

따끔씩 단어를 읽고 띄엄띄엄 책을 읽는 것은 아직 한글 떼기의 미완성이다.

꼭 책을 읽지 않을 때라도 나는 더 많은 글자와 표현을 가르치기 위해 일상생활에서 보다 많은 수다를 풀어냈다.

하루는 아이스크림을 먹고 있는 재희 옆에서 '차갑다.'라는 표현을 설명해주고 싶었다.

"재희가 아이스크림을 먹을 때 어때요? 차갑지요?"

"네……."

"네, 맞아요. 아이스크림은 차가워요, 아이스크림은 차갑고, 아이스크림은 차가우며, 아이스크림은 차가워서, 아이스크림은 차갑기도 하고, 아이스크림은 차갑지, 아이스크림은 차가워~!"

눈을 동그랗게 뜨고 까르르 웃던 재희가 생각난다. 이렇게 하나의 단어에도 여러 가지 표현이 있다는 것을 일찍부터 아이에게 가르쳐 준 시간이었다.

문장을 많이 접하는 책을 읽으며 내가 읽어준 '재미둥이 생활동화' 중 '뽑기도 사올까요?'라는 책을 잊을 수가 없다. '뽑기'라는 나의 세대 문화를 재희에게 알려주기 위해 선택하기도 했고 어릴 적 나의 정서가 아이에게도 고스란히 전해졌으면 하는 생각에 열심히 읽어준 책이다.

주인공 민수가 엄마의 두부 심부름을 가다가 뽑기를 하고 싶지만 참고 돌아오는 내용인데 엄마는 민수에게 뽑기 놀이를 허락하는 것으로 마무리된다. 재희는 이 책에 나오는 뽑기 모양도 좋아하고 그림이 예뻐서 늘 이 책을 끼고 다녔다.

내가 읽어주는 날이 대부분이던 어느 날, 드디어 재희는 '뽑기 책'을 보며 내용을 술술 읽기 시작했다. 신랑과 나는 환호성을 지르며 벌써 한글을 다 뗐나 보다 생각하고 신기해하면서도 한편으로는 확인해보고 싶은 마음을 감출 수 없었다.

하지만 가만히 들여다보니 아이가 말하고 있는 부분과 책의 페이지가 다른 것이 아닌가. 신랑과 나는 멋쩍어 웃어 넘겼다. 그러나 그 일이 있고 나서 정확히 3주가 지난 어느 날, 놀라운 일이 벌어졌다. 재희는 또다시 토씨 하나 틀리지 않고 책을 읽어나갔고 이번에는 손가락으로 짚어가며 그 내용에 맞게 정확히 읽은 것이다.

나는 이날을 잊을 수가 없다. 아이가 책을 짚어가며 하나하나 읽어갈 때의 환희란 느껴보는 사람만이 알 것이다.

나는 이날 중요한 사실을 알았다. 아이가 한글을 떼기 막바지 바로 전에는 몇 가지 책의 내용을 외우고 있다는 것이다. 마치 자신을 테스트라도 해보라는 듯이 토씨 하나 틀리지 않고 또박또박 말을 할 때가 있는데 이때를 놓치지 않고 엄마가 반복해주면 아이는 곧바로 한글 떼기의 마침표를 찍을 수가 있다는 것이다.

엄마가 해주는 한글놀이를 통해 아이는 단어를 배우고 뜻을 익힌다. 엄마가 반복해주는 다양한 언어를 통해 문장을 배우고 그 후에 '가', '이' 등의 조사에도 귀를 기울인다. 그리고는 책을 통해 한글을 마무리

하고 읽기 독립을 하게 된다.

　읽기 독립을 한다는 것은 아이가 거치는 성장과정의 크나큰 전환점이 된다. 아이가 읽기 독립을 하는 날까지 엄마의 한글놀이는 꼭 필요한 거름이다.

놀이터 교육으로
엄마와 사회성 쌓기

어른이 되어서도 사람들과 어울리지 못하는 사람들을 볼 때가 있다. 운동 삼아 내기 경기를 할 때 지게 되면 씩씩거리며 흥분을 가라앉지 못하는 사람도 있고, 지난 과정에 의미를 두는 것이 아니라 결과에만 연연해서 분위기를 어색하게 만드는 사람도 있다. 이런 사람들은 놀이가 단순한 놀이가 아닌 목표 지향적 행동인 것이다.

나는 이런 사람들을 보면 어렸을 때 제대로 놀지 못해 생긴 유연하지 못한 사고가 어른이 되어서도 쌓인 것이 아닌가 한다. 혹은 어렸을 때 놀이를 제대로 풀지 못하고 부모의 의견대로 끌려 다녔던 사람이 아닐까 하는 걱정도 해본다.

흔히들 사회성 하면 아이들의 교육기관부터 먼저 떠오른다는 사람들이 있다. 아이가 처음으로 사회에 나가 부딪치게 될 많은 사람들을 상대하며 보다 더 잘 지내는 것이 사회성의 처음이라 한다면 당연히 사회성은 가정에서부터 싹을 틔워야 한다.

엄마의 품에서 응석받이로만 자라는 아이가 아니라 엄마와의 놀이를 통해 규칙과 절제 속에서 안정감과 애착심을 가진 아이는 상대방의 마음도 헤아리는 배려 깊은 아이로 자라게 되는 것이다.

심리학 실험 중에 아이들을 상대로 한 실험이 있다. 민호가 A라는 박스에 인형을 넣어놓고 박스를 옷장에 올려놓고 나간다. 그다음 엄마가 들어와 A라는 박스에서 인형을 꺼내어 B라는 상자에 다시 넣어 옷장에 올려놓고 나갔을 때 민호는 들어와 인형을 어느 상자에서 찾을까라는 실험이었다.

민호는 들어와서 당연히 A 박스에서 인형을 꺼낸다고 답하는 아이들은 민호의 관점을 더 잘 이해하고 마음이론이 더 발달되었다고 결론을 지을 수 있다.

나는 엄마의 행동을 보고 결과가 다름을 알았지만 결과를 모르는 민호의 마음을 읽어내는 것이 잘 발달된 마음 이론의 취지이다. 내가 겪은 상황이 다른 사람과 다르다는 사실을 아는 것, 그래서 생각하는 방식이나 의견이 다를 것 이라고 미루어 짐작하는 것이 사회적인 의사소통의 기본이다.

이 다름을 인정해야만 내 마음과 같다는 공감대 형성도 이루어질 수 있다. 이런 사회성의 시작은 만 3세가 되면 시작되는데 이런 기본 능력이 집 밖에서 아이들끼리 지내며 만들어질 수는 없다.

가끔 아이와 놀이터를 가면 엄마들은 놀이터 의자에 앉아 있고 아이들끼리 노는 상황을 접하게 된다. 아직 어린아이들은 자신의 놀이가 즐거운 나머지 친구에게 모래를 던지기도 하고 나뭇가지로 얼굴을 그을 때도 있다. 하지만 이럴 때 엄마가 바로 옆에 있으면서 이런 아이의 행동이 잘못되었음을 바로 가르치고 설명해준다면 아이는 엄마와의 깊은 애착 속에서 사회성을 배워나가게 된다.

나는 재미있지만, 상대방에게는 피해가 된다는 점, 나는 즐겁지만 누군가는 다칠 수 있다는 점을 아이에게 설명해주면서 아이에게 사회성의 기본능력을 가르쳐 주는 것이다.

아이가 꼭 유치원에 가야만 사회성을 배우는 것이 아니다. 유치원에 가지 않더라도 엄마와 많은 시간을 보내며 더욱 탄탄하고 깊은 사회성의 기본 틀을 만들어 갈 수 있다. 하지만 사회성이 부족한 엄마가 아이를 가르치는 것에는 나 역시 문제가 있다고 본다.

재희가 세 살을 맞을 때쯤 나는 둘째 계획을 세우고 있었다. 유치원을 보내지 않는 몇몇 엄마들을 만나 가끔 계곡이 있는 산으로 나들이를 가고는 했다. 때는 여름이고 아이들은 물을 좋아하니 이때만큼은 엄마인 나 역시 다른 친구들의 엄마들을 만나 기분전환도 하며 즐거운 시간을 보내고 싶었다.

아이들이 물가에서 놀며 때로는 엄마 품으로 와서 먹을거리를 찾는다. 그때 재희가 슈퍼에서 골라온 노란색 포장지의 소시지를 찾았다. 나는 하나를 들어 껍질을 벗겨 아이에게 건네고 다른 하나는 앞에 앉은 엄마에게 권했다.

그러자 그 엄마는 "어떻게 그런 걸 먹여, 언니! 우리는 그런 거 고양이나 주는데……." 하는 것이다. 순간 얼굴이 붉어진 나는 재희를 바라보았다.

그날따라 왜 그렇게 소시지를 맛있게 먹고 있는지, 앞의 친구 엄마가 하는 말을 재희가 안 들었으면 하는 마음에 얼른 재희 손을 잡고 자리를 피했다. 들었다고 해도 이미 지나간 일에 대해 '난 고양이가 아닌데 뭘.' 하며 웃고 넘어 갈 수 있는 재희가 되기를 내심 바라면서 말이다.

소시지 사건만 있었으면 나는 어쩜 그 엄마를 따라 더 일찍 유기농 음식을 찾아다녔을지도 모르겠다. 하지만 그럴 일이 생기지 않는 것에 감사하는 일이 생긴 것은 그다음이다.

아이들은 과일을 한바탕 먹고 나서 젖어 있는 모래놀이에 빠져 있었다. 놀이에 열중하며 손으로 웅덩이를 파고 물을 채워가며 시간이 가는 줄 몰랐다. 그러다가 웅덩이를 손으로 파는 것에 한계를 느낀 아이들은 저마다 나뭇가지도 찾고 주변에 갖가지 도구들을 찾아 웅덩이를 더 크게 만들고 싶어 했다.

몇몇은 나뭇가지를 잘 찾았지만, 소시지는 고양이에게나 준다던 그 아이는 서서 엄마를 쳐다보았다. 그러자 엄마는 우리가 앉았던 돗자리로 달려가서 조금 전에 아이들이 먹던 포크와 숟가락을 가져오는 게 아닌가!

물론 집에서는 나도 포크를 가지고 놀게 한다. 하지만 본인이 가져온 포크도 아니면서 남의 집 살림도구인 포크를 가져와 모래를 파라고 하는 엄마의 행동에 남은 엄마들은 어이없어했다.

물론 포크를 써도 되겠느냐고 정중히 포크주인 엄마에게 물었다면 또 어땠을까? 아이가 집중해서 놀겠다는데 무조건 안 된다고 하지는 않았겠지만 어쨌든 위생개념과 남의 물건의 소중함을 모르는 그 엄마의 행동은 두고두고 우리에게 화제가 되었다.

아이의 사회성은 일차적으로 부모를 통해 나온다. 부모인 양육자가 올바른 가치관과 육아관을 가지고 사회성의 모델이 되어준다면 아이는 가정을 떠나서도 사랑과 배려를 실천하는 바른 사회성을 가진 인격체가 될 것이다. 아이가 어릴 때 옆에 따라다니며 놀 수 있는 그 시간이 그리 길지 않음을 생각하면 더욱 더 바른 사회성을 가르치는 데 노력을 기울여야 한다.

어쩌면 그 '소시지는 고양이에게나 주는 엄마'는 사랑과 과보호를 착각했는지도 모르겠다. 가끔 메일을 보내오는 엄마들이 묻는 질문 중에 하나는 사랑과 과보호에 대해서다. 어디까지가 사랑이고 과보호냐는 것인데, 사랑은 아이가 자립심을 키울 수 있도록 지켜보되, 남에게 피해가 가지 않는 선에서 자유를 허락하는 것이다.

하지만 과보호는 남은 보이지 않고 내 아이만이 최고라는 생각으로 아이를 대하는 것이다. 그러니 아이는 자립심은 물론이고 사회성이 결여될 수밖에 없다.

아직도 유치원이나 공공기관에 가야 사회성을 배울 수 있다고 생각하는 엄마가 있다면 나는 이렇게 묻고 싶다. 집에서는 어떤 사회성의 기초를 가르쳐 주는지 말이다.

가정에서부터 엄마에게 배우는 사회성이 없다면 그 어떤 사회성의 규칙을 아이에게 들이밀어도 아이는 이해할 수 없다. 남을 배려하는 마음을 엄마에게 배우지 않는 아이는 밖에 나가서도 다른 행동을 보일 수밖에 없기 때문이다.

아이와 가정에서부터 튼튼한 사회성을 쌓아보자. 엄마에게 따뜻한 사랑과 배려를 받은 아이는 남도 그렇게 대한다. 그것이 사회성의 첫 단계이다. 그 첫 단계를 무사히 마친 아이만이 공공기관에서 선생님이 가르치는 사회성을 이해하고 기분 좋게 받아들일 것이다.

사회성이 결여되었다는 것은 집에서부터 무언가 잘못되었다는 것이다. 아이가 어릴수록 사회성의 틀은 더 단단해질 수 있다. 지금이 바로 그 적기가 아닌가 한다.

만들기 놀이로
창의성 길러주기

"슝~~슝, 나는 슈퍼맨이다!"

"슈퍼맨 망토가 뭐 그래!"

"붕~~~ 배가 지나갑니다!"

"무슨 배가 물도 없이 가냐!"

정말이지 창의적인 아이가 놀다가도 맥이 빠지는 순간이다. 상상 속에서 잘 놀고 있는 아이에게 센스 없고 창의성이 부족한 이런 아빠가 세상에 많다면 아이들의 창의적인 놀이는 더 이상 발전이 없을 것이다.

그렇지 않고 아이가 만들 슈퍼맨 망토를 같이 만들어주거나 욕조에 물을 받아 놓고 아이와 하나 되어 놀이에 빠지는 아빠가 있다면 아이는 무궁무진한 창의성을 바탕으로 더 많은 작품을 만들어 낼 것이다.

많은 부모들은 아이가 창의적으로 자랐으면 좋겠다는 생각을 하면서도 막상 아이가 엉뚱한 질문을 하면 맞장구를 쳐주거나 궁금해하는 것이 아니라 핀잔을 주거나 어른들의 시각으로 아이의 상상을 돌려놓는다.

감성교육을 받은 영재아이들은 또래아이들보다 상상을 초월한다. 이 상상을 바탕으로 창의력이 생겨나고 또 다른 창조활동을 하게 된다. 창조는 모방이나 개성을 넘어서 기존의 통념이나 틀을 깨고 새로운 사고를 하는 일종의 파괴적 행위이다.

스티브 잡스나 빌게이츠나 세계적으로 영향을 끼친 사람으로 자랄 수 있었던 것은 모두가 창의적인 생각을 인정받고 자라서이기 때문이다. 아인슈타인은 말했다.

"세상 사람들은 규칙을 지키는 것이 가장 중요한 가치라고 생각하지만 나는 반대로 규칙을 뒤집었을 때 우리에게 가장 필요한 새로운 규칙이 탄생할 것이라고 믿는다."

아이에게 상상의 제한을 두는 것은 아이가 창의적인 사고를 하는 것에 재를 뿌리는 것과 같다.

아이가 어릴 때는 엄마나 아빠가 많은 만들기를 먼저 보여줄 수 있다. 그리고 아이가 따라 하면서 점차 자신만의 세계의 작품을 만들기 시작하는데 그때 옆에서 지켜보며 응원해주면 아이는 커다란 성취감을 맛본다.

처음에 나 역시 아이와 만들기를 어색해했다. 만들기는 재희 아빠의 몫이었지만, 하루 종일 엄마와 있는 시간이 많기에 나름대로 연구를 해보았다. 구름빵이나 상상놀이를 하며 만든 조각품 외에도 밖에서 주워온 박스를 개조해 버스도 만들어 보고 상자 두 개를 이어서 냉장고도 같이 만들어 보았다. 어린 재희에게 프뢰벨에서 나온 은물도 가르쳐보았는데 곧잘 따라 하고 재미있어 하는 것을 보고 교구를 본뜬 여러 가지 제품을 응용해보기도 했다.

재희는 어릴 때부터 알파벳을 좋아하는 아이였다. 밀가루에 물을 개어 반죽덩어리를 주면 영어 알파벳 대문자와 소문자를 좋아하는 크기와 모양에 따라 마음껏 만들며 시간을 보냈다. 그 시간은 아이가 집중을 하는 소중한 시간이었기에 나는 지켜만 보는 시간이었음에도 꽤 긴 시간으로 기억되고는 한다.

어렸을 때부터 우리 집에 오는 사람들은 재희의 아지트를 알고 있다. 다름 아닌 2층 장롱인데 위아래 두 칸으로 나뉘어져 이불을 잔뜩 쌓아올리고 나올 줄을 모른다. 물론 친구들이 오면 그곳으로 올라가 이야기도 하고 간식도 먹는다.

그곳을 가만히 들여다보면 별개의 물건들이 늘어져 있다. 본인이 만든 알파벳 반죽들, 그 앞에 세워둔 박스 자동차, 헝겊으로 만든 구름빵 등 그 누가 보아도 아이만의 세계에 빠진 천진난만한 모습이다.

둘째 세빈이 역시 만들기를 너무나 좋아한다. 유난히 종이에 그려져 있는 가전제품이나 마트에서 뿌린 광고지의 야채와 과일 등을 오려 세빈이네 마트를 종종 차려둔다. 세빈 마트에 가서 돈을 계산하고 나오면 가전제품이 그려진 그 종이 뭉치를 나는 몇 개씩 가지고 나와야 한다.

종이를 오리고 마트를 차리는 놀이는 어릴 적 나를 닮았다. 당시에는 카세트테이프 케이스가 투명으로 되어 있었는데 그 케이스를 세워 두고 종이 제품들을 올려두면 그럴듯한 쇼윈도가 형성된다. 딸아이를 볼 때마다 어릴 적 상상의 놀이를 하던 나의 모습이 떠올라 나 역시 다시 어린아이로 돌아가서 놀 때가 있다.

아이들이 듣다 만 CD는 색종이를 덮어 무당벌레도 만들고 코끼리 얼굴도 만들어본다. 성냥개비 대신 면봉을 까맣게 칠해서 더듬이를 만들고 빨대를 구겨서 코끼리의 상아도 만들어 본다. 아이들이 이런 시간을 보낼 때마다 가끔 코끝이 시큰해질 때가 있다. 좀 더 크면 이렇게 놀아달라고 하지 않고 스스로 놀 테니 지금 최선을 다해야 된다는 생각에서다.

나는 아이들이 만들어놓은 소품들을 아직도 가지고 있다. 처음에 만들었던 그림부터 일회용 접시에 알록달록 넣은 우스꽝스러운 얼굴모형까지 아이가 커서 보여주면 절로 좋아할 상상을 하며 작품들을 모아놓는 일은 나에게도 아이의 창의력을 허락하는 자극제가 된다.

아파트 입구에서 가끔 철웅이를 만날 때가 있다. 철웅이는 옆에서 놀고 있는 깜찍한 이웃집 여동생들에게 농담도 잘하고 늘 웃는 인상을 보여준다. 철웅이 엄마에게 물으니 철웅이는 밑에 있는 여동생 둘에게도 참 다정한 오빠라고 했다.

늘 웃고 즐거워하며 농담을 잘하는 철웅이가 제일 잘하는 것은 만들기이다. 5학년이 되어가는 그 친구는 교내에서 만들기 상은 다 휩쓴다고 했다. 만들기도 잘하고 남의 마음도 잘 읽어주는 철웅이의 마음은 늘 너그럽다.

어릴 때부터 철웅이 엄마는 철웅이가 신기해하고 만들고 싶어 하면 기꺼이 그 환경을 만들어주었다. 자신이 생각한 것을 그대로 표현하고 손으로 드러내는 아이를 보면서 창의적인 아이는 마음도 느긋하고 유머도 풍부하다는 생각이 든다.

마음이 여유로우니 다른 사람이 보이지 않는 관점에서 생각하고 생각을 뒤집는 반전의 유머도 자연스럽게 나오는 것이다.

나 역시 아이들이 유머가 풍부한 아이들로 자랐으면 좋겠다. 자연스럽게 얼굴에 미소가 번지고 사물을 느긋하고 다양한 관점에서 바라보는 아이로 컸으면 좋겠다. 그러기 위해서는 지금보다 더 무한한 상상력을 연출하는 아이의 상황에 맞게 나 역시 그릇을 더 키워놓아야 한다.

창의적인 아이는 처음부터 어느 하나에만 몰두하지 않는다. 두루 살피며 자신이 좋아하는 분야를 관찰하고 발전시키기 위해서라도 일단은 많은 환경에 노출되어야 한다. 세계적인 러시아 수학자 소피아 코발레프스카야가 문학을 공부하고 작곡가 슈만이 라파엘로나 명성 있는 화가의 작품을 연구하고 공부했다는 이야기는 너무도 유명하다.

배우가 미술을 공부하고 무용가가 시를 공부한다는 것은 보다 더 창조적인 작품을 위해서는 꼭 필요한 일이다. 스티브 잡스 역시 대학

시절 교양과목으로 듣던 활자의 서체와 같은 타이포그래피 수업을 듣고 자신의 애플 컴퓨터에 적용한 사실이 있다.

아이가 창의적이고 창조적인 능력을 키우기 위해서는 다양하고도 많은 분야의 세계를 접하는 일이 필요하다. 그래야 자신만의 독특한 작품을 위해 몰입을 하고, 그 몰입이 새로운 분야에서 최고로 우뚝 설 수 있는 기회를 제공한다.

매일 매일이 새로운 아이는 무엇이든지 관찰하고 호기심을 자극하는 일에 열중한다. 그런 모습을 보며 아이의 뇌는 아이디어 공장 같다는 생각이 들 때가 있다. 지금은 어린 모습으로 옆에 있지만 언제 또 놀라운 아이디어를 펼쳐 놓을지 모르는 공장 말이다.

오늘도 무언가 잔뜩 쌓여 있는 아이의 방을 들여다보았다. 자칭 실험실이자 연구실이라고 방문에 써 붙여 놓고는 이런저런 소리를 내가며 연구 중인 아이가 있다. 무엇인가가 만들어지고 있는 그 방에 이젠 무언가 기대심리를 보이는 것은 나 역시 이런 만들기에 열중인 아이에게 익숙해졌기 때문이다.

아이에게 만들기란 인생을 여유롭게 살아가는 필수조건이다. 만들고, 오리고, 부수고, 그러면서 아이는 창의적인 아이로 자라난다. 오늘 만든 이 작품들로 아이는 내일 더 크게 자랄 것이다.

4장

준비된 영어교육
엄마 습관

알파벳을
친구로 만들어주기

알파벳 송을 모르는 사람은 많지 않다. 하지만 아이들을 둔 집안이 아니라면 이 노래를 자주 접할 기회는 그리 많지 않을 것이다. 나 역시 아이들을 낳기 전에는 솔직히 이 노래를 자주 부르지도 듣지도 않았다. 재희를 임신하고 나서야 이 노래를 흥얼거리며 들려주고는 했는데 노출이 자주 될수록 아이들은 이 노래를 신나게 따라 부를 수 있다.

나는 재희를 임신하고 영어동요도 즐겨 들었다. 아이가 영어와 친숙해지기 위해서 영어동요나 영어 CD 음악이 늘 집안 곳곳에 흐르도록 자연스러운 환경을 만들어준 것이다. 물론 나는 언어의 다양성을 좋아하는 사람이다. 아이가 일찍 언어를 접하면 그대로 흡수한다는 것을 믿고부터는 최대한 다양한 언어를 접해주는 것이 아이의 발전 가능성을 높여준다고 생각했다.

한글과 마찬가지로 영어도 하나의 언어이다. 한국에 살면서 한국어를 자주 들으니 한국말을 잘하는 것은 당연한데 이곳에서 낯선 언어인 영어를 가르친다는 것에 대해 의구심을 갖는 엄마들을 만나면 언어인 영어도 어렸을 때부터 노출해주면 아이가 영어와 친숙해질 수 있다는 것을 강조해준다.

엄마인 내가 영어를 잘하는 것도 아니고 늘 아이와 영어로 대화를 나눈 것도 아닌데 재희는 곧잘 영어로 말하고 수준 높은 초등학생 수준의 원서를 술술 읽는 모습을 볼 때 나는 많은 엄마들에게 엄마표 영어가 확실한 효과가 있음을 이야기해준다.

재희는 뱃속에서부터 영어 동요를 듣고 태어났다. 하지만 본격적으로 영어를 접한 것은 태어나서 6개월이 지나고 나서이다. 아이를 안고 사물을 보여주듯이 영어단어도 같이 들려주며 늘 한국어 못지않게 영어도 항상 곁에서 들을 수 있는 언어임을 알려주었다.

벽에 붙어 있는 사물그림을 보며 영어로 된 그림도 동시에 보여주었는데 처음엔 간단하게 단어위주로 말해주다가 아이가 돌이 지나 걷기 시작하면서 본격적으로 알파벳과 친근하게 만들어주었다. 아이들은 한글만 영상으로 찍는 것이 아니다. 알파벳의 모양 또한 그림처럼 통째로 받아들여서 자주 접해주면 글자를 구분하게 된다.

아이가 기어 다니는 곳, 걸어 다니는 곳에 우선 커다란 알파벳 벽그림을 붙여둔다. 벽에도 붙여두고 바닥에도 붙여주고 화장실, 안방 할 것 없이 모든 벽면이 화려한 그림으로 드리워져 있다. 그러다 재희가 지나가며 응시할 때를 놓치지 않고 다가가 말을 건넨다.

"재희야! 신기하지? 이건 알파벳 C야!"

"지금 재희가 보고 있는 것은 알파벳 J라고 해. 재희랑 발음도 비슷하네?"

일단 아이가 듣고 있다고 생각하며 순서 없이 알파벳을 알려주었더니 말이 트이면서 "엄마, 이건 뭐예요?" 하고 묻는다. 그럴 때 나는 또 옆에 있다가 "응, 그건 D야, 엄청 크다!"라고 답해준다.

알파벳 전체를 훑어보고 나자 재희는 소문자에도 관심을 보이는데 이럴 땐 엄마와 아이의 심리를 이용해서 아이에게 설명해주었다.

"재희가 엄마와 붙어 다니는 것처럼 얘네들도 같이 다닌대. 이건 엄마 F고 이건 아기 f야!"

재희에게 대문자와 소문자를 엄마와 아기처럼 설명해주었더니 효과는 정말 극에 달했다. 알파벳을 구분하면서 알파벳 송을 더 열심히 들려주고 DVD도 보여주었다.

이때 한 육아서에서 추천해준 빙뱅붐의 'DVD'는 아이와 나만이 갖는 소중한 애장품이 되었다. 80년대에나 등장했을 원색을 입은 촌스러운 언니가 춤을 추며 알파벳 송을 불러주고 기본적인 단어들도 몇 개씩 알려주는 프로그램인데 총 12장의 DVD이지만 한 장당 20분의 짧은 스토리로 재희는 너무나도 잘 본 프로그램이다.

물론 이 DVD는 세빈이 때도 유용하게 쓸 수 있었다. 제아무리 시대가 바뀌고 좋은 품질의 제품이 나와도 처음에 맛 든 애장품은 쉽게 바뀌질 않았다.

종종 많은 엄마들이 일찍부터 DVD 시청을 두고 걱정하는 모습을 보고는 하는데 내 경우에는 짧은 프로그램은 아이의 집중력도 높여주고 짧은 시간만큼 열정을 쏟을 수 있어서 좋다고 생각한다.

그보다는 30분이나 한 시간씩 아이를 TV 앞에 방치해두고 설거지를 하거나 청소를 하는 것이 더 문제가 된다고 본다. 그 짧은 순간 아이가 집중하고 있을 때 아이가 어떤 것을 더 유심히 관찰하고 있는지 엄마가 옆에 있어준다면 DVD 시청도 어릴 때부터 효과가 있는 유용한 도구이다.

벽그림을 통해 알파벳을 익힌 재희는 어느 날 프뢰벨 책을 사고 받은 목재 알파벳 퍼즐에 빠져 있었다. 그러다 내친김에 헝겊으로 만들어져 벨크로 칠판에 쉽게 떼었다 붙일 수 있는 알파벳 세트를 구입해 주었더니 그 역시 신나게 가지고 놀았다.

어느 날은 마트에 가서 플라스틱 자석으로 구성된 알파벳 세트도 사주고 또 어느 날은 알파벳으로 된 매트도 깔아주고 보니 말 그대로 영어로 된 놀이터 환경이 꾸며졌다.

자신 있게 알파벳을 짚어내고 엄마와 아기의 대문자와 소문자를 구분하고 나서는 책을 보아도 집중하고 놀면서 들리는 알파벳 송과 영어 동요에 빠져 신나게 부르는 재희를 볼 수 있었다.

하루는 영어 친구들이 다 모여 놀이를 하고 있는데 나는 색다른 종류의 알파벳 친구들을 만나게 해주고 싶어 색종이를 가져와 알파벳 모양으로 가위질을 해주었다. 그 친구들을 내려놓자마자 재희는 탄성을 지르며 그 알록달록한 친구들을 가지고 이야기를 지어낸다.

"너는 B구나. 배가 나왔어!"

"너는 K네. J 뒤로 가야 해!"

언제부턴가 알파벳의 순서를 익히고 놀고 있는 재희를 보면서 환경에 따라 아이는 흡수력도 달라진다는 것을 실감할 수 있었다.

주변에는 알파벳 친구들이 알록달록 붙어 있고 바닥에는 그림에서 튀어나온 듯 각종 재질의 알파벳들이 뒹굴고 있다. 귀에 들려오는 알파벳 송과 파닉스 송을 들으며 아이는 이야기를 지어내고 나는 그 모습을 보며 흐뭇해했다.

어느 날 집에 있던 재희 아빠는 검정색 티셔츠에 영어 이니셜이 쓰여 있는 옷을 입고 있었다. 신랑도 나도 의식하지 못한 사이 재희 입에서 나온 말은 "엄마! 니키!"였다. 신랑도 나도 배꼽을 잡으며 웃었지만 얼마나 기특하게 생각되었는지 지금도 신랑에게 그 말을 하면 곧바로 입가에 미소가 번지는 우리 둘을 볼 수 있다.

재희가 말한 '니키'는 영어 이니셜 'NIKE'이다. 아직 어설프지만 어느 정도 파닉스까지 진행되어 있는 모습을 보고 정말 놀란 일이 생각난다. 이때 재희는 25개월을 향해 가고 있었는데 한글을 깨우쳤던 개월 수보다도 5개월 정도 먼저 영어 알파벳의 원리와 파닉스를 깨우쳐

가고 있음을 알 수 있었던 사건이었다.

그 이후 27개월에 찍은 재희의 동영상에는 알파벳의 정확한 발음과 파닉스를 이해하고 노래를 부른 영상이 담겨 있다.

세빈이는 오빠의 영향으로 알파벳을 자연스럽게 접한 경우이다. 사실 둘째라는 이유로 재희보다 많은 신경을 써주지 못해 늘 안타깝지만, 재희와 또 다른 케이스라고 생각하며 나름대로 위안을 삼고 있다.

하지만 세빈이 역시 영어를 위한 환경은 뒤처지지 않는다. 네 살이었던 작년에는 지시봉을 가지고 "이건 뭘까요? A예요, 애플!"이라며 선생님 놀이를 하는 세빈이를 보면서 같이 웃었던 시간이 있었기 때문이다.

아이들에게 영어를 가르쳐준다며 아이를 앉혀놓고 알파벳의 순서를 익히고 파닉스를 따로 가르치는 것에 대해 많은 의견이 있겠지만 나는 그다지 추천하는 방법은 아니다.

한글과 마찬가지고 영어 역시 놀이로 접근해야 하며 재미있는 방법들을 엄마가 연구하는 것이 아이에게 우선시되어야 하기 때문이다. 나역시 영어를 좋아하지만 누군가 앉혀놓고 일방적으로 가르쳐준다면 5분도 안 되어서 뛰쳐나갈 것이다.

학습이란, 특히 언어란 일상에서 자연스럽게 배우는 것이 가장 뛰어난 방법이다. 영어 또한 한글과 마찬가지로 환경에 조금만 변화를 주면 쉽게 접할 수 있다. 그리고 그 변화의 첫 번째는 알파벳과 친하게 해주는 것이다.

우리말 동화책과 영어책을
번갈아 읽어준다

우선 재희에게 읽어준 한글책과 영어책의 비중은 7:3이다. 하루 중 한글책을 7권 읽었다면 3권을 반드시 영어책을 읽어주었다. 때에 따라 비율이 바뀌거나 양이 달라지기는 해도 한글책을 우선시해서 읽어준 데에는 이유가 있다.

아무리 영어를 한글보다 빨리 이해하고 좋아하지만 한글에 비중을 둔 것은 첫 번째는 읽기 독립을 위해서였다. 읽기 독립이 빨리 되어야 본인이 원하는 분야의 책도 빨리 고를 수 있고 폭도 깊어지기 때문이다.

두 번째 이유는 아이의 배경지식 때문이다. 아이는 영어단어를 익힐 때 한글과 마찬가지로 통째로 찍어낸다. 우리가 '사과'라는 한글을 배우고 영어로 'Apple'이라는 단어를 익힌 것과 다르게 아이는 바로 사과라는 그림을 보며 영어로 'Apple'을 익힐 수 있다. 하지만 이때는 '사과'라는 단어를 또 배워야 하므로 나는 처음부터 순서를 잡아주자는 생각이 먼저 든 것이다.

영어를 아무리 잘하고 이해한다고 해도 한국에 살면서 한국어가 뒷전이고 영어가 먼저이면 그 귀한 시간의 배경지식은 영어로 채워질 것이고 아이는 한국어로 많은 부분을 소통하며 혼란이 올 것이라는 생각에서였다.

내 주변을 보아도 2개 국어를 동시에 하는 아이를 보면 외국어를 잘하는 것은 인정하지만 아이의 배경지식은 수준보다 낮은 상황을 많이 봐왔다. 더군다나 2개 국어를 하는 시간으로 인해 한글을 떼지 못하는 것을 보면서 아이 스스로 읽기 독립이 늦어지는 이유가 어떤 언어에 비중을 두는지에 따라 달라진다는 점 또한 중요하게 생각해 볼 문제로 본 것이다.

한국에 살면서 외국어는 잘하지만 한국어가 뒷받침해주지 못한다면 아이는 실생활에 있어 분명 많은 어려움을 겪을 것이다.

영어의 'Chicken pox'라는 단어는 우리말의 '수두'에 해당한다. 하지만 아이가 '수두'라는 한글 단어는 모르면서 영어로는 이해한다면 문제가 있는 것이 아닐까? 살면서 가장 먼저 중요시해야 할 것은 바로 한글의 이해이다.

한글책에 비중을 두고 책을 읽히면서 영어는 되도록 쉬운 문장부터 시작했다. 쉬운 문장을 접하면서 아이도 따라 해보고 나도 따라해 보며 영어를 익혔는데 머지않아 아이는 영어로 된 문장을 한글 수준에 맞게 따라가는 상황을 보여주었다.

이때 나는 한글을 먼저 잡아주고 이해해준 것이 정말 다행이라는 생각을 또 한 번 했다. 어차피 둘 중에 하나가 따라간다면 영어가 한글을 따라가는 것이 안정적이다.

재희가 처음에 익힌 책은 인터넷에서 구입한 20권짜리 그림책부터 '스팟 시리즈'에 이르기까지 다양하다. 알파벳 책도 물론 많지만, 여러 가지 모양에 꽂힌 재희를 위해 구입한 'Shape'을 다룬 책이 30권을 넘는다.

어릴 때는 단행본 위주로 사주면서 단어와 문장을 익혔고 시간이 가면서 스토리가 있는 책을 넣어주었다. 그중에 푸름이 닷컴에서 나온 시리즈물은 둘째 세빈이도 잘 보는 영어책이 되었는데 색감도 좋고 CD가 내장되어 있어 처음 영어를 접하는 아이에게는 안성맞춤이다.

DVD에서 접한 내용을 책을 통해 보면 아이의 영어 실력은 배로 급성장한다. 거기에 다시 DVD를 보여주지 않고 기능성 재생 플레이어에 넣고 흘려듣기를 해주면 아이는 자신이 봤던 장면을 놀면서 생각하다가 웃기도 하고 따라도 해가면서 영어를 즐기게 된다.

영어를 하는데 있어서 책과 CD와 DVD는 뗄 수 없는 상관관계이다. 그리고 한 가지 더 추가하자면 엄마의 관심이다. 나 역시 부지런한 엄마는 아니었지만 아이가 영어를 좋아할 수 있는 환경을 만들어주기 위한 관심과 노력은 게을리하지 않았다. 간혹 아이가 영어를 잘하기를 바라지만 별다른 성과가 없다면 이유는 이 중에 있을 것이라고 본다.

괴테는 이런 말을 했다. '네가 가는 곳, 네가 있는 주변, 네가 읽고 있는 책을 보면 너를 알 수 있다.'라고 말이다.

아이가 지금 읽고 있는 책을 보면 우리 아이의 미래를 볼 수 있을 것이다. 하루에 얼마 정도의 양을 정해서 아이에게 읽히는 것은 그래서 중요하다.

재희는 영어와 우리말 책이 동시에 나와 있는 일명 '쌍둥이 책'도 몇 질 가지고 있다. 한글책과 영어책의 비중을 정해 읽어주는 일도 중요하지만 아이에게 비슷한 내용의 책을 두 가지 언어로 읽어주는 일 또한 영어를 한 단계 발전시킨다.

예를 들어 '아기돼지 삼형제'라는 한글책을 읽으면 영어로 된 'Three Little Pigs'라는 영어동화책도 읽어주는 것이다. 같은 출판사에서 나온 것은 페이지 수며 그림까지 똑같아서 아이가 받아들이기 훨씬 수월하지만 다른 출판사에서 나온 책이라도 상관없다. 내용을 이해하고 영어로 받아들이면서 반복되는 단어나 어휘를 습득할 수 있기 때문이다. 다만 한 언어의 동화책을 읽으면 그날을 넘기지 않는 범위에서 같은 내용의 영어책을 번갈아 읽어주었다. 이때는 횟수가 많아지면 많아질수록 효과를 발휘한다.

쌍둥이 책은 쉽게 구할 수 있는 책은 아니다. 나 역시 영어사이트나 중고 나라 등을 찾아서 아이에게 최대한 많은 책을 구입해주었지만, 중요한 것은 한 가지 책이라도 반복해서 읽어주는 것이 중요하다.

쌍둥이 책을 열심히 읽으며 나는 아이에게 한글책을 놓고 영어로 말하기도 시켜보았다. 한글로 된 동화책과 같은 내용, 같은 그림의 영어책을 번갈아 읽던 어느 날 한글책만 펴놓고 아이에게 생각나는 영어가 있으면 말해보라고 했다.

그러자 아이는 한글책의 글 밥 순서에 맞게 영어책의 내용을 그대로 말하고 있었다. 한글의 어순에 맞게 영어 또한 그대로 말하는 것을 보며 처음에는 신기하고 기특해서 영상으로도 남기고 칭찬도 해주었다.

하지만 아이의 실력을 자꾸만 겉으로 드러나게 해서는 오래갈 수 없다는 생각에 이 방법은 곧 그만두었다. 소리 내어 읽히면 어느 날 아이는 깨닫게 된다. 엄마가 자기를 테스트하고 있다는 것을. 그날이 되면 아이는 모든 것을 내려놓을 수도 있다. 자칫 영어에 흥미를 잃을 수도 있다는 것이다.

한글과 마찬가지로 영어 또한 아이에게 확인하는 절차는 상당히 위험하다. 자신이 좋아해서 집중하고 책 내용의 전체에 빠져 있는 아이에게 그저 한 문장 한 단어를 내뱉게 하기 위해 재차 묻고 확인하면 어릴 때 한순간이야 재미로 답해줄 수 있지만, 계속하다 보면 작은 것을 얻으려다 큰 것을 놓칠 수 있다.

이 세상에 영어를 잘하는 아이는 많다. 집집마다 다르겠지만, 아이의 영어실력은 엄마의 환경실력이다. 물론 엄마가 일상생활 중 많은 부분을 영어로 이야기해서 실력이 느는 아이도 있겠지만, 그렇지 않다면 영어향상의 기본은 책이다. 책이 많으면 많을수록 아니, 엄마가 책을 많이 읽어주면 읽어줄수록 한국어실력만큼이나 영어 실력도 향상한다.

강의 때 한 엄마가 와서 물었다.

"도대체 영어책을 어떤 것을 읽어주어야 할지 모르겠어요!"

영어책이라고 다를 바 없다. 아이가 어릴 때 한글책을 처음 접해주었던 그때와 같은 글 밥과 그림의 책을 생각하면 되고, 아이 입장에서 아이가 좋아할 만한 책을 고르면 된다. 처음이야 엄마가 골라주는 단순하고 알록달록한 그림이 전부겠지만, 그다음은 아이가 좋아하는 분야의 위주로 책을 넣어준다.

아이가 영어책을 보기에 너무 늦은 나이도 없다. 처음 아무것도 몰랐을 때 한글책을 접한 것처럼 영어를 처음 접하는 아이에게도 글 밥이 낮은 수준의 영어책으로 접근해보자. 물론 이때는 아이가 어느 정도 관심이 있는 분야가 있을 것이다. 동물이면 동물, 운동이면 운동 등 아이의 관심대상이 되는 책을 골라 재미를 붙여주면 된다.

영어를 잘하기 위해서 엄마가 꼭 영어를 잘할 필요는 없다. 하지만 영어책은 아이에게 필수다. 먼저 그전에 한글책으로 한글을 다져놓은 상태라면 더 없이 좋을 것이다. 엄마가 또다시 배경지식에 대해 설명할 일이 그만큼 줄기 때문이고 아이 역시 동시에 두 문자를 떼어야 하는 부담에서 벗어날 수 있기 때문이다.

아이가 자라면 학원을 보낼 생각을 먼저 하는 것이 아니라 어릴 때일수록 집안에 영어책을 두둑이 쌓아보자. 한글책과 더불어 빛을 발하는 날이 올 것이다.

영어동요를 흥얼거리는
습관 길러주기

재희가 누워 있을 때 나는 우리나라 동요도 많이 들려주었다. 내가 예전에 듣고 자란 전통 한국 동요집부터 최근에 나와 있는 어린이 동요까지 아이에게 말하는 시간을 빼고는 집안에서는 음악이 끊이질 않도록 신경 썼다. 이때는 영어동요에 대해서 내가 조금씩 알아가고 있던 터라 무엇부터 들려주어야 할지 잠시 고민하는 시간이기도 했다.

하지만 무엇이든지 고민할 시간에 행동을 하는 게 먼저다. 우선 기본적인 알파벳 송, 구구단 송이 들어 있는 CD를 구입하고 가장 쉬운 영어책과 함께 동봉해서 파는 CD로 다양한 동요를 들려주었다. 시간이 지나고 아이는 영어동요를 좋아했지만, 아이와 함께 율동도 만들어 음악에 맞추어 노는 시간이 문화센터에서나 있는 것이 아님을 아이와 증명해 보였다.

물론 엄마인 내 마음대로 지어낸 율동이라 어설프지만, 중요한 건

반복적으로 흘러나오는 노래에 있기 때문에 개의치 않고 아이와 춤을 추고는 했다.

아이에게 동요로 영어와 친숙해지기 위해서 엄마도 영어동요를 흥얼거리는 연습이 필요하다. 흥얼거리는 정도가 아니라 때에 따라서 아이 앞에서 목청껏 불러줘야 하는 게 엄마의 몫이다. 가끔 만나는 엄마 중에는 컴퓨터나 핸드폰의 기능을 다재다능으로 활용하며 언제 어디서나 아이에게 동요를 불러줄 수 있는 상황을 연출하기도 하지만 나는 기계에 약했던 엄마인지라 되도록 많은 노래를 내가 불러주어야 했다.

핸드폰을 기능 좋은 것으로 바꾸고 나서는 유튜브 영상을 찾아 동요를 보여주고 아이와 같이 불러보며 노래를 익혔다. 차를 탈 때도 집에서 놀 때도 늘 영어 동요가 흘러나오도록 신경을 썼다. 처음 '작은 별'이라는 동요를 한국어로 불러주고 어느 정도 시간이 지나면서 영어 동요로 들려주었는데 네 살 무렵에는 한국어로도 영어로도 자연스럽게 노래를 부르는 재희를 볼 수 있었다.

한국어와 영어를 동시에 즐기는 재희를 보며 나는 한때 욕심을 부렸다. 중국어, 일본어, 프랑스어 등 5개 국어를 구사할 수도 있다는 생각에 재희에게 각 나라별 노래를 들려주면서 책도 읽히는 방법을 택해 본 것이다. 물론 이때는 CD와 DVD 등의 자료가 충분히 있어야 한다. 하지만 넉넉지 않은 상황에서 출장 가는 신랑한테 부탁해 일본어 책, 중국어 책등을 보여주며 아이에게 언어의 다양성을 심어주었다.

일본어를 전공한 내가 일본어로 된 아이들의 책을 반복해서 여러 번 읽어주면 재희는 그대로 따라 읽어서 나를 놀라게 했고, 중국어 노래를 한동안 들려주면 신기하게 그대로 따라 부르는 재희를 보며 아이들이 받아들이는 흡수 능력은 감히 어느 누구도 가늠해서 정의하면 안된다는 것을 알았다.

하지만 이 모든 것을 하기에 나는 체력적으로나 경제적으로 많은 힘이 들었다. 일본어를 깨우치며 글을 읽던 재희는 한자에도 관심을 보였는데 아침에 일어나 좋아하는 한글책을 읽고 영어책을 읽으며 또다시 일본어와 한자까지 하는 것에는 무리가 있었다.

아이는 가능했을지 모르지만 내가 체력적으로 버티질 못했다. 이때는 딸 세빈이를 출산한 지 얼마 되지도 않았고 모유수유며 딸아이에게도 언어적 상대가 되느라 몸이 고단한 나날이었다.

생각 끝에 내린 결정은 많은 언어를 자유자재로 구사하는 것도 좋지만, 영어 하나만이라도 제대로 즐기게 하자는데 이르렀다. 영어로 놀고 영어로 된 책을 다양하게 읽혀서 더 깊이 사고하는 게 낫다는 생각에서였다. 그리고는 다시 영어에 집중을 하며 동요를 듣고 스토리텔링으로 된 영어 CD를 들으며 집에서 뒹굴거리는 재희를 나도 마음 놓고 바라보았다.

물론 이때 잠깐씩이지만 재희가 들었던 각 나라의 동요는 아이의 마음에 깊이 남아 있고, 지금도 우연히 듣게 되면 그때 일을 떠올리고는 한다. 또한 이때 읽었던 다양한 언어로 된 책을 접한 계기로 다른 나라의 언어와 문화에 집중을 해서 관심을 보이는 모습을 보며 체력만

딸리지 않았다면 어땠을까 하는 생각도 해보았다.

어쨌든 아이들은 천재이다. 엄마가 해주면, 환경만 다양하면 아이들은 그대로 흡수하고 받아들이며 쑥쑥 커나간다.

프뢰벨 영업 사원 일을 하며 만났던 희주가 있다. 처음에는 어린아이였지만, 시간이 가면서 영어에 상당한 관심을 보이는 아이로 자랐다. 집에 가면 책도 많이 있고 교구도 다양했으며 엄마가 교육에 관심이 많아서 그런지 매주 하고 있는 프로그램도 많았다.

희주는 모든 것을 재미있게 즐기고 예의도 바른 똑똑한 아이였다. 하지만 그 많은 프로그램을 하다 보니 정말 좋아하는 영어로 놀 시간이 부족했다.

나는 그 모습이 너무 안타까워 희주 엄마에게 일주일에 한 번씩 와서 희주랑 놀아주며 집에 있는 영어책을 활용하도록 도와주겠다고 했다. 희주 엄마는 흔쾌히 허락했고 나와 희주는 3개월 이상 매주 만나는 사이가 되었다.

영어를 좋아하는 희주였지만 6살이 다 되어가도록 알파벳 대문자와 소문자를 구분하지 못했다. 영어책을 너무나 읽고 싶어 했지만 글을 몰라서 엄마가 읽어주는 시간이 제일 좋다고 했다. 희주 엄마는 아이가 셋이다 보니 큰아이인 희주에게는 책을 읽어주는 시간이 많이 부족했을 텐데 희주는 그 시간을 많이 기다린 듯했다.

내가 희주에게 해준 것은 다름 아닌 영어동요였다. 처음으로 돌아가 알파벳 송을 부르고 '작은 별'을 부르며 '마더구즈' 송을 열심히 가르쳤다. 그리고는 집에 있는 책들을 읽어주고 내가 가지고 다니는 휴대용 DVD 플레이어에 영어 DVD를 넣고 보여주었다. '푸름이 마더구즈'와 '프뢰벨 마더구즈', '플레이 타임 인 잉글리쉬'는 이때 유용하게 보여주고 들려준 책들이다.

두 달이 넘자 희주는 알파벳을 다 구분하고 어느 정도 책에 있는 문장을 익혔다. 세 달째가 되자 문장 속에 있는 모르는 단어를 궁금해하기보다 문맥 속에 넣어두고 자연스럽게 이해하는 단계가 되었다.

능숙하게 줄줄 읽는 영어실력은 아니지만 문장을 이해하고 더듬더듬 읽어나가는 희주를 보며 짧은 시간 안에 아이에게 영어 읽기가 가능한 것은 역시 영어동요였음을 실감했다. 더 자주 가서 놀아주고 읽어주었다면 희주는 영어에 깊이를 가지고 몰입하는 힘을 보여주었을 텐데 아쉽게도 희주는 지방으로 이사를 갔다.

영어에 파묻혀 영어동요를 익히면서 노는 재희에게 어느 날은 우리말 동요를 영어동요로 바꾼 책과 CD를 사와서 들려주었다. 우리가 익히 알고 있는 '산토끼'나 '달 달 무슨 달'과 같은 정서가 풍부한 우리 동요를 영어로 바꾸어 놓아 아이들과 더욱 친숙하게 영어로 된 동요를 따라 부를 수 있도록 도와준 책이다.

아침에 일어나서 잠이 덜 깬 상태이거나 오후에 점심을 먹고 손 놓고 뒹굴거릴 때 들려주면 재미있게 흥얼거린다. 먼저 들었던 우리말 동요와 비교해가며 혼자서 바꾸어 불러보기도 하고 신기해하기도 한다.

예전에 운영하던 블로그 '애니짱의 엄마표 유치원'에 재희의 동영상을 올려놓았는데 많은 분들이 관심을 갖고 물으셔서 우린 동요 모임도 하나 만들었다.

아이에게 매일 영어 동요를 들려주고 아이의 반응을 살펴보는 일, 일주일에 한 곡이어도 좋고 이삼 일에 한 번씩 다른 동요를 들려주어 아이에게 영어환경을 만들어주는 것에 게을러지지 말자고 서로를 응원하며 만났던 긍정적인 만남이었다. 그 모임 중에 한 아이는 이제 짧지만 영어로 작사 작곡까지 한다는 소식도 들려주어 영어동요의 힘을 보여주었다.

영어동요를 들려주는 것은 영어의 바다에 빠지는 첫 번째 준비운동이다. 영어의 바다에 빠져 마음껏 헤엄칠 수 있도록 아이 옆에 늘 영어동요를 흘려듣기 해주자. 아이뿐만이 아니라 엄마도 같이 흥얼거리며 따라 해주면 아이는 더욱 신이 날 것이다.

예전 우리 엄마들이 들려주었던 자장가, 전래동요를 따라 부르며 컸던 때를 생각해보자. 아직도 우리가 그 노래를 기억하고 있는 것은 귓가에, 뇌리에 남아서이다. 우리말 동요 못지않게 영어동요 또한 꾸준하게만 들려준다면 아이는 영어를 낯설어하지 않는다. 영어가 일상이고 생활이며 습관이 된다. 영어라는 바다에 빠질 수 있도록 오늘도 영어동요 한 곡으로 준비운동을 해보자.

반복 없는 영어는
있을 수 없다

나는 '반복'이라는 말을 좋아하는 편이 아니다. 이 말은 들으면 들을 수록 괜히 몸이 쳐지고 힘들어진다. 세상에 새로운 것은 얼마든지 있고, 또 다른 다양성을 좋아하는 나로서는 무엇인가 했던 일을 또 하고 보았던 것을 반복하는 것은 거부감이 들기 때문이다.

하지만 아이들에게 '반복'은 무한한 가능성을 열어주는 무기이면서 세상으로 나아갈 때 필요한 든든한 디딤돌이 된다. 게다가 아이들은 자신들이 좋아하는 대상에 있어서는 '반복'이 주는 지루함이나 늘어짐 은 찾아볼 수가 없다. 아이들에게는 어른들이 말하는 '반복'의 의미는 통하지 않는다.

한글책 중 어떤 책은 수도 없이 봐서 너덜너덜해졌음에도 오직 그 책을 매번 찾아 들고 오는 재희를 볼 때 나는 어떤 때는 덜컥 겁이 났 다. 입에서 단내가 나도록 읽어주었건만 많은 책 중에 꼭 몇몇 좋아하는 책에만 꽂힐 때 또다시 체력인지 나의 인내인지도 모르는 것에 한계를 느낄 때도 있었다.

하지만 그 과정이 없었다면 아이는 한글 떼기를 다른 방법으로 보다 더 어렵게 했을지도 모른다. 또한 책을 좋아하는 아이로 자라지 않을 수도 있었다. 그 과정은 나에겐 '반복'이지만 아이에게는 세상에서 가장 좋아하는 일에 몰입하는 순간들의 연속이었다.

영어 역시 마찬가지다. 한글책을 가져오듯 질리도록 영어책의 몇 권에 꽂혀 밤새 가지고 놀았다. 책을 읽는다는 표현보다 가지고 논다는 표현이 더 어울릴 정도로 책의 내용은 물론이고 책의 써진 문자 하나하나에 관심을 보인다.

처음엔 재희가 영어책을 읽는 모습을 보며 나는 다양한 책도 읽히기 위해 좋아하는 책 주변에 여러 가지 책을 섞어 꽂아두었다. 하지만 아이 눈에는 자신이 좋아하는 도형이나 색깔위주의 영어책이 제일 먼저 눈에 들어오나 보다.

상담을 하다 만난 한 엄마는 3년 전 이야기를 해주었다. 정윤이가 어릴 때 좋아하는 책에 꽂혀 그 책만 읽으려 하기에 정윤이 엄마는 더 이상 많은 책을 사주지 않았다고 한다. 어차피 다른 책은 보지 않고 그 책에만 꽂혀 있을 일이 눈에 보듯 뻔하기에 그렇게 몇 권의 단행본만 넣어주었다고 했다.

또 밤에 책을 읽는다며 불을 끄지 말라는 정윤이의 말에 처음에는 그러마 하고 따라 주었지만, 계속 책을 읽는 것이 아니어서 9시만 되면 아이를 재웠다고 했다. 그러면서 지금 정윤이가 책을 좋아하지 않는 것이 그때 자신의 행동 때문이 아닌가 하며 걱정스러워 했다.

아이가 책을 읽을 때는 어른처럼 한 번 보고 기억하는 시스템이 아니다. 처음에는 그림에만 꽂히고 다음에는 왼쪽에 쓰여 있는 글자에도 관심을 보이다가 또 다음번에는 엄마가 들려주는 내용에만 상상을 더할 때도 있다. 이런 과정이 반복되면서 그 책 하나가 하나의 덩어리로 아이 것이 되는 것이고 그 하나의 책이 자신의 것이 되었을 때 한글이나 영어를 술술 읽어나갈 수 있는 것이다.

재희도 그랬다. 책을 반복적으로 읽는 것은 물론이고 CD의 같은 부분만을 계속해서 들으며 상상놀이를 했다. 보여주는 DVD를 그대로 보는 것이 아니라 자신이 좋아하는 DVD를 요구하고 반복해서 틀어주기를 바랐다. 그러다 보니 아이도 모르게 영어 실력이 쌓여 지금은 영어를 거부하지 않고 말하기를 즐기며 또래 아이보다 두세 학년 위의 원서를 술술 읽어나간다.

낮에 그렇게 놀면서 책을 보았음에도 잠을 자려고 누우면 목이 마르다거나 책을 읽고 싶다며 거실로 나간다. 그러면서 또 같은 책을 보고 노는데 책을 다 보았다고 아이는 바로 잠이 드는 것이 아니다. 책을 보다 놀다가 또 책을 보다가 놀다가 그러다 잠이 들었다.

처음에 이 같은 방법이 아이의 잠도 방해하고 규칙적인 생활에 어긋나지 않을까 나 역시 걱정했던 엄마 중의 하나였다. 하지만 이 엄마와의 전쟁 같은 일, 아니면 아이 혼자 밤에 방황하는 일은 정말이지 짧은 시간이었다. 몇 개월이 지나지 않아 아이는 이 생활을 스스로 정리하듯 밤에 놀지도 않고 차분히 앉아 몇 권의 책만 읽다가 잠드는 생활로 돌아왔다.

이때는 아이의 성향을 이해하고 반복적인 책, CD, DVD를 보여주고 아이에게 응원의 눈빛을 보내며 기다려주면 된다. 엄마가 걱정하듯 먹는 것, 자는 것이 그다지 성장에 있어 영향을 줄 만큼 큰일이 아니며 오히려 그때 아이의 마음을 자유롭게 해주는 것이 더 중요하다는 이야기이다.

생각해 보니 나 역시 '반복'을 하는 생활이 몇 가지 있기는 하다. 좋아하는 음악을 계속 듣는다든지 좋아하는 책을 여러 번 반복해서 본다든지 말이다. 왜 '반복'이라는 말에만 의미를 담고 살았는지 모르겠다. 그 의미 안에는 수많은 에너지와 열정이 숨어 있는데도 말이다. 가고 싶었던 곳에 바람을 쐬고 오면 다시 일상이 수월해진다. 맛있게 먹고 싶었던 음식은 인제는 또 먹으면 힘이 난다. 그처럼 일상의 반복은 좋고 긍정적인 의미가 더 강하다.

영어를 단번에 잘할 수 있는 사람이 있을까? 커서 학습적으로 영어 공부를 하는 사람들도 꽤 많은 시간을 투자해야 한다. 그것도 식지 않는 열정을 가지고 꾸준히 매일 반복학습을 해야 하는 것이다. 영어를 자연스럽게 접할 수 없는 환경에서 반드시 열정과 의욕이 있어야 가능한 것이 커서 하는 어른들의 영어공부다.

어려서부터 자연스럽게 하는 영어는 반복영어가 하나의 방법이다. 반복 아닌 반복을 통해 재미와 놀이를 통해서 접한 영어는 우리가 생각하는 학문의 연구가 아니라 한국어처럼 습득할 수 있는 진정한 언어로서의 접근이다. 어차피 영어가 필요하다면 학원을 다니며 단어를 써서 외워가며 공부하는 영어가 아닌 실생활에서 자연스럽게 언어를 대하는 것이 제대로 된 언어 습득방법이다.

책을 보며 반복적으로 좋아하는 단어와 문장을 이해하고 나면 듣기도 수월해진다. 처음 재희에게 책을 읽어주며 걱정했던 나의 발음은 아이에게 들려주었던 CD의 원어민 발음 흘려듣기로 고정되어갔다. 엉성하게만 들렸을 엄마의 발음을 CD를 통해 원어민의 발음을 따라 정확한 발음을 구사하는 것 역시 CD의 반복적인 흘려듣기 덕분이다.

한국에서 살면서 영어를 잘한다는 것은 그만큼 영어를 많이 들었다는 것이다. 그만큼 다양한 문맥의 내용을 듣고 여러 가지 스토리를 들어왔다는 이야기이다. 좋아하는 부분은 계속해서 듣고 따라 하면서 반복적인 놀이를 했다는 증거이다.

아이가 영어책을 즐겨 읽고 그 내용을 반복적으로 들으면서 영어실력을 쌓아가는 방법 중에는 집중 듣기도 상당한 효과가 있었다. 책의 한 문장 한 문장의 발음을 정확하게 알아가기도 하고 전체적인 내용을 한꺼번에 들을 수 있어 두 마리 토끼를 잡을 수 있는 방법이다. 책을 펴놓고 CD에서 나오는 문장을 따라 손가락으로 짚어가며 따라가는 방법인데 눈으로 따라가도 되고 연필로 따라가도 되지만, 나는 집중에 방해되지 않도록 손가락을 짚어가며 눈으로 또 한 번 따라가도록 해보았다.

재희는 다섯 살 때부터 이 방법을 해보았는데 처음에는 세 줄짜리 영어책을 그다음은 일곱 줄짜리 영어책으로 그 양을 늘려나가 지금은 그림이 없는 챕터북도 곧잘 읽는다.

집중 듣기는 아이가 말 그대로 책을 읽으며 영어발음을 굳혀나가는 작업이다. 처음에는 간단한 그림책을 시작으로 영어동화책 생활동화책의 순서를 밟다가 챕터 북을 읽고 다큐멘터리 등을 읽을 수 있는 순서 밟기가 중요하다. 물론 아이가 좋아하는 분야가 있다면 그 분야의 책을 좀 더 사서 집중적으로 듣기 반복을 해주면 아이의 실력은 눈에 띄게 향상될 것이다.

가끔 재희가 집중 듣기를 하고 있을 때 옆에서 책을 펴놓고 어딘지 모르는 부분에 손가락을 짚어가는 세빈이를 본다. 오빠가 하는 것은 무엇이든지 해보고 싶고 따라 하고 싶은 딸아이의 행동을 보며 오빠만큼이나 신경 써주지 못한 것이 마음에 걸릴 때가 있다.

하지만 이렇게라도 흘려듣기를 하고 이렇게라도 오빠와 같이 집중 듣기를 미리 연습하는 것은 딸아이에게도 많은 도움이 된다. 큰아이를 위한 영어 환경이 작은 아이에게도 자연스럽게 영어를 좋아하고 잘하고 싶은 아이로 만들어 준 것이다.

반복하는 아이는 미래가 밝은 아이이다. 부모는 반복하고 따라 하는 아이의 모습을 보며 항상 응원해주고 밀어주는 든든한 지원자가 되어야 한다. 아이의 마음을 읽어 오늘도 열심히 영어책을 반복적으로 읽어주는 엄마가 아이를 사랑하는 멋진 엄마이다.

엄마의 리액션이
아이의 기를 살린다

예전 인터넷 아가방 사이트에 엄마표 수업으로 글을 연재한 적이 있다. 그때에는 재희가 돌을 맞기 전이기는 했지만, 아이의 마음 읽기가 얼마나 중요한지, 엄마의 말 한마디가 아이에게 얼마나 큰 영향을 주는지에 대해 나름 공부하고 있던 때였다. 엄마의 반응에 아이가 기가 살기도 하고 상처를 받으며 커갈 수 있음에 많은 생각을 하던 때이기도 하다.

아이가 하는 말들에 무심코 반응할 때가 있다.

"엄마, 엄마!"

"엄마는 왜 자꾸 부르는데……. 너희 엄마 여기 없거든!"

"엄마! 나는 어디서 태어났어요?"

"글쎄, 다리 밑에서 주워왔는데 너 기억 안 나?"

이런 말을 하며 아이의 반응을 살피기도 한다. 엄마는 무심코 장난으로 하는 말이지만 아이에게는 커다란 고민거리를 안겨주는 동시에 우울함을 무의식적으로 심어주는 말이다.

아이가 얼토당토않게 엉성한 무언가를 만들고 오면서 "엄마! 이것 좀 보세요!"라고 말할 때 "어~그래. 잘했네!"라고 말하는 엄마는 그나마 낫다. 하지만 보지도 않고 있다가 뒤늦게 "이게 뭐 하는 짓이야! 엄마가 이렇게 어질러 놓으라고 했어?"라고 말하는 엄마도 있다.

아이가 어떤 반응의 대답을 원하는지 알고 하든 안 하든 무심코 던지는 엄마의 대답은 아이에게 크나큰 영향을 준다.

나 역시 우리 세대 대부분이 그렇듯 그럴싸한 어른들의 커다란 반응을 먹고 자란 아이는 아니다. 그래서 그런지 무언가 만들거나 무언가를 성취했어도 혼자서 만족하는 것에 그치고 말지 상대방의 칭찬을 기대하는 아이는 아니었다.

무언가를 이루었을 때 상대방으로부터 듣는 칭찬의 리액션은 다음 도전에 대한 기대와 희망을 준다. 동시에 또 다른 용기와 자존심을 심어주어 보다 긍정적인 자세로 삶을 대한다. 이런 습관적인 희망은 어느 날 갑자기 생겨나는 것이 아니다. 부모가 보다 더 적극적인 반응을 꾸준히 보여주는 아이만이 자신을 믿고 앞으로 나아갈 수 있는 용기와 믿음이 생긴다.

나는 재희가 어설프게 영어로 말을 건넬 때부터 오버하는 엄마였다. 재희에게 "What is this?"라고 물으면 "Tiger!"이라고 말할 때 고개만 끄덕이는 것이 아니라 "우와! 잘한다, 맞았어!"라며 박수를 치고 흥분을 했다.

　오버하는 리액션은 그림을 그릴 때나, 무엇을 만들어올 때, 엄마에게 무언가를 공감하자고 손가락으로 짚을 때도 계속되었다. 더구나 영어를 한다는 것은 나에겐 신선한 충격이면서 영어 문화권에 익숙해지도록 하기 위해서라도 내가 먼저 그 모습을 보여주기 위해 심심한 제스처는 보여주지 않았다. 물론 나의 이런 반응에 어린 재희는 재미있어 했고 즐거워했다.

　물론 아이가 영어로 말을 할 때 모든 답을 영어로 말해주면 훨씬 좋았을지도 모르겠다. 영어로 묻고 답하며 오버하는 액션이 아이에게는 더 즐겁고 환상적인 영어놀이가 될 수 있었을지도 모른다. 빠른 속도로 쌓은 영어 실력은 곧바로 비행기를 타고 센트럴파크 공원에 내려도 그 누구와도 통하는 어린 재희로 자랄 수 있었을 테니 말이다.

　하지만 엄마인 나는 영어로 말을 잘하는 엄마가 아니다. 그저 아이가 말하는 것을 들어주고 한마디만 쏟아내도 기절초풍해서 쓰러지는 리액션이 강한 엄마일 뿐이었다. 영어로 말하고 들을 수 있는 환경을 만들어주고 아이가 관심을 가져주면 반갑고 놀라서 "Oh, Really?"를 연타 날려주는 그런 엄마였을 뿐이다.

　세계적으로 볼링을 잘 쳐 가장 많은 돈을 번 볼링천재 넬슨 버튼은 어렸을 때부터 부모님의 남다른 리액션으로 성공한 사람 중에 하나이다. 세계적인 볼링선수가 되고 기자가 인터뷰에서 물었다고 한다.

　"볼링연습을 하면서 실패했을 때는 어떻게 이겨내셨습니까?"

"글쎄요, 저는 볼링을 하면서 실패를 했던 적이 없어요. 단지 성공으로 이끄는 환경을 잘 아시는 아버지가 계셨을 뿐입니다."

넬슨은 부모님과 함께 볼링을 치며 실패를 모르고 자랐다. 어릴 때부터 치던 볼링공이 옆의 홈으로 빠지자 부모님은 잘할 수 있다며 옆의 홈을 볼링 핀으로 채워주셨고, 넬슨은 홈으로 빠진 볼링 핀을 맞추며 머지않아 레인 위로 볼을 올리게 된다.

옆의 홈으로 공이 빠져 실패를 맛보는 날이 없이 매번 핀을 쓰러뜨리는 넬슨에게 그의 부모님은 '멋지다.', '잘한다.'며 박수를 쳐주었고, 신이 난 넬슨은 한 번도 핀을 못 맞춘 적이 없는 아이로 성장했다. 나날이 성장하는 넬슨을 부모님은 응원해주고 그에 맞는 리액션으로 아이의 기를 살려주었던 것이다.

성공도 습관이다. 어떠한 환경에서 어떠한 습관을 가지고 사느냐가 중요하다.

내가 만나고 있는 지영이 엄마는 영어를 잘한다. 본인이 잘하는 영어이니 굳이 아이에게 일찍부터 영어를 가르칠 필요성을 느끼지 못했다고 했다. 재희가 옆에서 영어책을 읽거나 영어를 말해도 조급해하지 않고 그때그때 영어단어나 문장을 일러주며 다른 놀이에 더 집중했던 엄마이다.

그러다가 아이가 유치원에서 영어를 배우면서 흥미를 느끼자 이때다 싶어 영어책도 사주고 DVD도 들려주고 있다. 어찌 보면 그나마 때를 놓치지 않고 아이가 관심 있는 시기에 적절한 반응을 해주었다고 생각한다.

하지만 엄마가 영어를 잘하다 보니 이제야 쉬운 단어나 영어문장을 말하는 지영이에게 엄마는 지나친 관심을 보이기도 한다.

"No, 그때는 더 아더가 아니라 디 아더지!(The Other)"

"좀 더 크게 말해봐! 왜 그렇게 목소리가 작아! 영어는 크게 말해야 느는 거야!"

"뭐라고? 다시 다시! 발음이 다르잖아!"

아이와 영어를 같이 한다는 생각에 들뜬 지영이 엄마는 아이에게 세부적으로 읽기를 가르치며 아이의 영어에 뒤늦은 응원과 리액션을 보여주고 있다.

그러나 아이가 원하는 것은 하나씩 읽어 나가고 있는 영어단어의 지적은 아닐 것이다. 단어 하나 문장 하나에 엄마가 예민하게 반응하고 고쳐줄 것을 기대하는 것은 더더욱 아닐 것이다. 처음에야 즐거웠던 아이도 이런 식으로 엄마가 리액션을 해준다면 곧 싫증이 나고 만다.

제대로 된 리액션이란 아이를 시험하지 않는다. 아이를 테스트하는 잣대로 보고 귀를 쫑긋 세우거나 눈초리를 예민하게 뜨지 않는다. 말 그대로 아이의 행동을 믿고 있는 그대로 바라봐주는 것, 있는 그대로 즐거워해주는 것이 아이를 위한 리액션이다.

그러는 사이 행동이 오버가 되고 탄성이 절로 나오며 아이와 까무

러치는 즐거움을 표현해 낼 수 있는 것이 진정한 리액션의 근간이다.

아이와 지내면서 리액션으로 대답을 해온 지가 어언 8년차이다. 아이와 영어를 표현할 때 혹은 아이가 외국어를 한마디 할 때 더욱 오버리액션을 하는 나를 본다. 그러면 아이는 신이 나서 한마디 할 대답도 두 마디 세 마디 마구 던져본다.

가끔 틀리기도 하지만 상관없이 마구 던지는 틈을 타서 나는 재빨리 바르게 반복해주면 그만이다. 그도 아니면 나중에 영어 CD를 아이 곁에 흘려듣기 해둔다.

아이와 영어로 놀면서 엄마가 해주는 일은 오버 리액션 그거 하나로도 충분하다. 지금 엄마는 너와 놀고 있는 이 시간이 너무 소중하고 즐겁다는 모습을 보여주면 아이는 영어 또한 즐거운 놀이라고 인식할 것이기 때문이다.

지내와 보니 이런 리액션은 영어뿐만 아니라 아이가 하는 모든 일에 자신감과 성취감을 준 것 같다. 그냥저냥 자라온 나와는 다르게 하고자 하는 일에는 집중적으로 파고드는 일이며 뭔가 시시한 거 같아도 이 세상에 의미 없는 일은 없다는 듯 매사에 진지하게 대하는 아이를 보며 느낀다. 무언가를 만들다가도 또 무언가를 발견했다거나 알았을 때도 이젠 엄마의 리액션을 은근히 기다리는 아이를 본다.

문득 "엄마!" 하고 뒤를 보면 아이들은 특유의 행동을 취할 때가 있다. 어서 오버 리액션을 보여 달라고 기다리는 표정으로 말이다. 정말 행복한 순간이 아닐 수 없다.

상상력과 호기심으로
영어에 날개를 달다

어릴 적 아빠와 단둘이서만 외갓집인 전북 남원에 내려간 적이 있다. 엄마와 동생들은 먼저 내려가고 학교가 늦게 끝나는 나는 아빠와 함께 개인택시를 하던 아빠차를 타고 긴 고속도로를 달려 시골길을 내려갔다.

그때 보았던 맑고도 푸른 하늘에 유난히 눈에 띄는 하얀 길이 눈에 들어왔다. 초등학교 5학년이 다 되도록 나는 그 길이 무슨 길인지 어떻게 해서 생긴 길인지도 모른 채 기분 좋은 상상을 하며 차 안에서 목이 빠지게 바라보았다.

바라보면 바라볼수록 하얀 길은 나를 따라왔고, 나는 차를 타고 있는 것이 아니라 마치 그 길을 따라 하늘을 나는 상상을 하며 고속도로를 지루하지 않게 지나갔다.

상상놀이는 어른이 되어서도 가능하지만 어릴 때 하는 상상은 아이의 무한한 능력과 호기심을 일구어준다. 나는 아이들이 더 많은 상상 놀이를 하도록 돕는 엄마이기를 자처했다. 아이와 지내며 호기심이 사 그라지지 않도록 신경 쓰는 것은 그다지 어렵지 않다.

그저 아이가 하는 행동을 믿고 기다려주는 것, 그에 따른 반응을 조 금은 과장되게 해주는 것, 그리고 아이와 함께 한 몸이 되어 놀아주며 그 속에 빠져드는 것. 이 모든 것들이 아이의 상상력을 자극해주고 호 기심을 유발한다.

재희가 우연히 말하는 영어에 오버 반응을 보이는 나는 그다음 그 리고 그다음의 내용을 아이가 상상하고 말할 수 있도록 대화하기를 이 어 나갔다. 재미있는 현상을 보며 영어로 이야기할 때 "SO?", "Why?" 로 대화가 끊이지 않도록 이어 나가고, 하나의 현상을 아이와 놀면서 영어로 말하기 위하여 얼음을 꺼내놓고 "This is ice, It is melting" 하 며 아이의 호기심을 끌었다.

그렇게 아이가 집중을 하면서 "Melt?" 하고 묻자, 나는 소금을 가져 와 따뜻한 물에 녹이며 "Salt is melting!", 설탕을 가져와 "Sugar is melting!" 하며 진심으로 아이와 놀이를 했다. 단순한 현상을 아이와 바라보는 것 같지만, 아이의 호기심을 자극하며 영어놀이를 지루하지 않게 할 수 있는 방법이다.

구름빵을 보며 정말 하늘을 나는 듯이 놀았던 재희와 나는 이미 상 상놀이에 흠뻑 빠진 엄마와 아이였다. 실제 빵이 아닌데 빵처럼 먹고 하늘을 나는 상상을 했다는 것은 아이가 단어를 통해 추상적인 사고가 발달되었다는 것이다. 이 사실을 러시아 심리학자 비코츠키는 인간과의 상호작용을 통해 얻은 보다 발전할 수 있는 사고 능력으로 '근접 발달 지대(ZPD)' 혹은 '근접 발달 영역'을 정의했는데 이러한 상상놀이의 발달은 최초로 엄마 · 아빠에게 배울 수 있다.

엄마 · 아빠에게 배운 상호작용으로 아이의 상상력이 자라나면 엄마 · 아빠는 아이의 상상력과 호기심에 더욱 자극을 줄 수가 있다. 하나만 생각하고 있는 아이에게 두 개, 세 개의 길을 열어주는 것은 아이의 성장과정을 도와주며 '근접 발달 영역'을 크게 키워주는 것이기도 하다.

아이가 영어단어로 'Elephant, Lion' 등의 아는 동물 이름을 댈 때 먼저 'Living Thing'이나 'Animal', 'The Zoo'라는 큰 그림을 그려주는 것도 도움이 되고 'Tiger, Monkey' 등 그 주위에 같이 지내고 있는 몇 개의 동물단어를 놀이를 통해 더 가르쳐 주는 것도 근접 발달 영역을 키워주는 것이다.

날씨의 이야기를 하며 "How is the weather?"에 대한 답으로 여러 가지 상황의 답을 이야기할 수 있도록 아이에게 유도하며 'Rainy', 'Windy' 등의 단어를 유추하고 가르쳐주는 것 또한 상상을 통해 영어에 달개를 달아주는 일이 된다.

재희가 처음 꽂혔던 도형의 세계에서 나는 아이가 즐거워하는 모습에 호기심을 감추지 못한 엄마였다. 처음에 '동그라미'라는 'Circle'에 반해 옹알이 영어를 외치고 있을 때, 20가지 이상의 다양한 영어 도형에 관한 책들을 구해서 아이 앞에 펼쳐 주었다.

그리고는 책에서 만난 그 도형들의 입체적 교구들을 여기저기서 구해와 상상놀이를 같이 하며 재희에게 영어단어를 익히게 했다.

나들이를 가고 친구 집에 가도 그 도형들은 의인화된 친구가 되고 장난감이 되어 재희 옆에 늘 붙어 다니는 분신이 되었다.

알파벳에 꽂혀 알파벳 친구들을 만나며 놀 때는 엄마의 상대가 필요 없을 때도 더러 있었고, 문장을 익히며 회화 책에 빠져 있을 때는 휴대용 DVD 플레이어를 보며 마치 상대가 앞에 있는 양 이불놀이며 역할놀이를 할 때 만화에서 본 대사를 그대로 옮기기도 했다.

상상력과 호기심으로 영어에 날개를 달아주기 위하여 영어 책은 빼놓을 수 없는 도구이다. 그중에 재희가 재미있게 읽었던 'Elephant&Piggy' 시리즈가 있다. 어린 나이에도 쉽게 이해하고 재미있게 볼 수 있는 이 책은 나 역시 유머와 재치가 넘치는 센스에 감탄을 하고는 하는데 아이에게 더할 수 없는 상상력을 유발하는 작가 '모 윌리암스'의 위트가 고스란히 담긴 책이다.

이 작가에게 재희와 나는 한동안 끌려서 시리즈를 모아 읽고는 했는데 역시나 재희의 상상력과 영어에 불을 붙여준 책들이다. 이 책들은 한글로도 번역이 되어서 둘째 세빈이에게는 한글로도 쉽게 접할 수 있는 계기가 되었다.

재희가 상상력으로 재미를 더한 책 중에 또 한 가지는 인북스에서 나온 'Oxperd Reading Tree' 시리즈이다. 1단계부터 재미를 붙여 7단계를 넘어가고 나서는 한 템포 쉬어가고 있는데 12단계까지 쭉 이어져 아이에게 영어의 끈을 놓지 않도록 읽혀두면 좋은 책이다. 아이가 영어그림책에 흠뻑 빠져 영어에 재미를 붙일 때 읽혀주고 보여주면 효과를 배로 보는 책이라 생각한다.

영어책의 바다에 빠지기 전 많은 그림책을 접하는 것과 그렇지 않는 것의 차이는 나중에 재희의 태도를 보고 깨달았다. 자신이 많이 보아오던 그림책은 수준이 높아져도 그대로 흡수를 하면서 재미를 붙여 나갔고, 좋아하는 분야의 그림책에 빠지면 자라면서 그림이 사라지고 글 밥이 많아져도 여전히 빠져드는 분야의 영어가 된다는 것이다.

한글책과 마찬가지로 많은 책을 접하며 자신만의 상상을 그려나갔던 습관은 많은 단어를 알고 문맥을 이해하며 자신이 좋아하는 세계로 이끌어주었다.

인간의 무의식의 세계에서 일어니는 연상 작용을 의식의 세계로 이끌어 주는 방법으로 '마인드맵'이라는 것이 있다. 말 그대로 마음속에서 떠오르는 생각들을 지도로 그린다는 뜻으로 직선이 아닌 거미줄이나 가지처럼 그림이나 단어 등을 이어나가 그리는 방법이다.

현대에 와서는 사회, 과학, 문학에 이르기까지 다양한 분야에 이용되는 방법인데 나 역시 글을 쓰기 전 주제와 관련된 소재분류를 위하여 종종 종이 위에 방사형 그림을 그려 단어와 문장을 채워나간다.

이 '마인드맵'의 방법은 재희가 상상력과 호기심을 가지고 영어를 대할 때 상당한 도움이 되었다. 예를 들어 'Fruit'이라는 단어를 동그라미 안에 그려놓고 방사형 구조로 또 다른 단어를 연상해서 채워 넣기였는데 재희는 'Banana'를 써서 채우더니 그 옆으로 'Train', 'Monkey' 등의 단어를 이어 써서 말 그대로 영어단어의 맵을 그려나갔다.

재희가 철자를 다 알지 못할 때에는 그림으로, 어느 정도 쓰기가 가능해서는 조금씩 수정해서 써주다가 지금은 스스로 채워 넣는 재희의 모습을 바라보기만 하는 단계까지 왔다. 그래도 여전히 모르는 단어나 깊이 있는 단어는 사전을 옆에 두고 같이 채워 넣는 시간을 보내고는 한다. 물론 자신이 알고 있는 단어를 포함해가며 'Grammy smith Apple' 등 세상에서 제일 좋아한다는 '아오리 사과' 같은 영어단어를 알아내는 재미도 얻는다.

한글뿐만이 아니라 좋아하는 과학, 수학 등 이제는 스스로 자신만의 마인드맵을 만들고 이어서 이야기를 만드는 습관은 아이에게 무한한 잠재력을 겉으로 드러나게 해주는 힘이 되었다. 어릴 때부터 익숙해오던 이 방법은 아이가 크면 클수록 더 큰 힘을 발휘할 것이다.

아이들에게 있어서 상상력과 호기심은 무언가를 일구어 낼 수 있는 원동력이다. 아이들은 그 힘으로 자신들이 좋아하는 분야로 파고드는 길에 더욱더 견고하고 튼튼하게 자신만의 뿌리를 내릴 수 있다.

그 곁에는 물론 '근접 발달 영역(ZPD)'을 열심히 돕는 누군가가 반드시 있어야 한다. 처음에는 아이들 누구나가 상상의 힘과 호기심을 가지고 있지만, 그것을 가꾸고 일구어주는 사람은 반드시 있어야 하기 때문이다. 그 역할을 부모가 한다면 더할 나위 없이 좋다는 생각이다.

아이들의 상상력과 호기심도 꽃을 피우는 시기가 있다. 늘 언제나 마음껏 상상을 하며 호기심을 잃지 않도록 배려해야 하지만 그보다는 아이가 상상력을 표현해낼 때나 호기심을 드러내는 그 순간 더 많은 아이의 잠재력을 이끌어내야 한다.

상상력과 호기심으로 아이의 무한한 능력을 깨워주자. 상상력과 호기심으로 아이의 영어에 날개를 달아주자. 아이는 날개 달린 영어를 마음껏 주무를 수 있는 능력 또한 머지않아 보여줄 것이다.

영어의 처음은 듣기,
마지막은 쓰기

어느덧 큰아이가 유치원을 졸업하고 어엿한 초등학생이 되어 나는 올해 마흔하나의 나이에 학부모가 되었다. 재희를 임신하면서 시작했던 영어놀이는 이제 아이 스스로 영어를 친숙하고 편하게 대하는 하나의 언어로 자리를 잡았다.

물론 계속해서 듣기와 말하기를 하며 영어를 유창하게 하는 아이로 자랐으면 하는 마음은 있다. 하지만 영어의 최종 목적은 아이가 영어를 자연스럽게 대하고 언제든 귀가 뜨일 때 말할 수 있는 시간을 기다려 주는 것이다.

주변에 영어를 잘하는 친구들은 얼마든지 있다. 엄마가 영어를 잘해서일 수도 있고, 어렸을 때 외국생활을 했을 수도 있으며, 훈련된 스케줄에 따라 학원을 다니며 유창한 영어회화를 하는 아이들도 있을 것이다. 과정이야 어쨌든 아이는 영어를 꽤 능숙하게 해내는 것을 보며 한국어의 실력을 의심했던 경험도 있다.

하지만 집에서 엄마와 하는 영어는 시간이 걸린다. 책도 읽어야 하고 CD도 들어야 하며 늘 영어를 달고 있지 않은 엄마와 의사소통을 한국어로 하며 영어의 환경을 의도적으로 접해야 하기 때문이다. 일사천리로 단번에 외워서 내뱉는 영어가 아닌 감성과 두뇌가 움직이는 영어는 시간이 걸린다. 그만큼 시간투자라는 이야기다.

집에서 하는 엄마와의 영어에 대해 많은 엄마들이 조바심을 내지 않았으면 한다. 어차피 아이의 영어는 때가 되면 발휘하기 때문이다.

나와 재희 역시 책육아로 영어까지 했지 않느냐며 영어 실력을 은연중에 시험당해 본 적이 한두 번이 아니다. 시험을 내주는 사람이 영어를 유창하게 잘하는 사람이라면 모를까 그저 호기심 반 흥미 반으로 아이에게 영어 한번 해보라는 식으로 대할 때는 옆에 있는 나까지도 코웃음을 치게 만든다. 그런데 아이 또한 그걸 알고 있다는 것이다. 그때는 아이 반응 역시 시큰둥하다.

하지만 외출을 한다든지 캠핑을 간다든지 낯선 장소에서 재희의 반응은 의외다. 낯선 외국인이 무언가를 물어보면 아는 한도 내에서 자신 있게 영어로 대화하는 모습을 보여주며 여유가 있을 때는 농담까지 곁들이기 때문이다.

아이는 자신이 영어로 표현하고자 할 때, 혹은 자신이 있을 때 자연스럽게 아웃풋이 나온다. 혹은 영어로 말할 수밖에 없는 상황이 되면 그동안의 인풋을 밖으로 표현해낸다.

영어의 목적은 뛰어난 학습이 아니다. 한국어를 학습으로 생각하지 않듯이 영어 또한 하나의 언어로 접해줄 때 아웃풋이 자연스럽다. 이러한 영어가 되기까지는 무한한 반복의 듣기가 필수이다. 그전에 섣불리 아이를 테스트해 볼 것이 아니라 부지런히 자연스런 인풋의 과정을 심어주어야 한다.

모국어와 마찬가지로 영어 또한 듣기, 말하기, 읽기, 쓰기의 순서를 밟는 것이 순조로운 과정이다. 순서를 바꾸어 말하기나 쓰기를 먼저 가르치려 한다거나 전체과정을 따로 분리해서 한 과정이 끝나면 다음 과정으로 넘어가는 식의 방법은 자칫하면 아이에게 학습적인 효과만을 보여주는 부정적인 결과를 가져온다. 또한 아이의 발달 단계에 맞추는 것이 아닌 일방적인 잣대가 만들어질 수 있다.

사람은 누구나 생후 1년에서 2년은 듣기단계를 거쳐야 한다. 이 단계를 거쳐야 말하기를 할 수 있고 다음 과정이 가능하기 때문이다. 1년 동안 많이 들어야 뇌에서 반응하는 신경세포수가 늘고 듣기에 뛰어난 신경회로가 발달한다. 많이 듣고 자란 아이가 말을 잘하고 읽기도 잘하는 것은 너무도 당연한 이야기다.

마지막으로 쓰기는 아이가 손 근육이 발달해야 가능한 부분이다. 읽지도 못하는 아이에게 쓰기를 강요하는 것은 읽기능력이 발달하는 만 세 살의 단계를 뛰어넘는 행동이다. 아이가 펜을 잡고 선을 따라 그리거나 글자 쓰기를 해서 작문력을 키우는 시간은 듣고, 말하고 읽고 난 후에 해야 효과가 있다.

그런데 모국어는 이해를 하면서도 영어에 있어서는 혼동하는 엄마들을 많이 보게 된다. 아이가 어려서 모국어와 동시에 영어를 시작했다면 혼동하는 일이 없이 순조롭게 진행되겠지만, 아이가 어느 정도 커서 접할 때는 파닉스를 시작으로 읽기, 쓰기를 으레 할 수 있을 것이라는 생각으로 아이에게 과정을 건너뛰고 강요와 기대를 하는 모습을 보게 된다.

영어 역시 아이가 적지 않은 나이라도 언어의 단계인 듣기, 말하기, 읽기, 쓰기의 과정을 밟는 것이 중요하다. 즉, 초등학교에 입학하면서 영어를 시작했더라도 영유아 아이들이 즐겨보는 그림과 짧은 문장이 섞인 책을 선택해서 반복해서 듣고 따라 읽는 것이다.

아이가 그 단계를 무사히 지나가면 세 줄에서 다섯 줄로, 일곱 줄에서 열 줄의 글 밥이 있는 책으로 단계를 밟아 매일 듣고 읽힌다면 영어의 거부감은 없어질 것이다. 물론 아이가 이해력이 빠르다면 속도는 빨라진다.

영어 듣기의 처음은 무엇으로 시작할까? 단연 엄마의 목소리가 제일 좋다. 엄마 품에서 혹은 잠자리에서 엄마의 목소리로 읽어주는 책을 듣고 영어책을 그대로 읽어주는 원어민 CD를 들으며, 놀면서 흘려 듣기를 습관적으로 하는 것이다. 그다음으로는 영어 동요와 영어 동화책을 CD로 접하고, 틈틈이 DVD를 활용한다. 물론 이 같은 과정은 하루나 며칠 만에 이루어지는 성과는 아니다.

하루에 책 한 권을 읽어주었다면 그 다음 날은 CD로 그 다음 날은 책과 관련된 DVD로 아이가 지루하지 않게 영어를 반복하는 것이 중요하다.

재희 같은 경우는 글 밥이 적은 경우에 매일 영어책을 직접 읽어주고, 아이가 놀 때 원어민 CD를 늘 흘려주었다. 아이가 놀거나 밥을 먹을 때, 혹은 아무 생각 없이 무언가 생각하고 있을 때도 주변에는 영어소리가 끊이지를 않도록 신경을 썼다. 이때는 '스팟시리즈', '까이유' 등을 읽어주다가 서서히 '동사모 시리즈', '웅진 영어 책 읽기 시리즈', '노래로 부르는 영어 시리즈'로 한 단계씩 올려주었는데 때로는 다시 돌아가서 쉬운 글 밥의 영어책의 CD도 들려주었다.

한 단계, 한 단계 올라가는 것도 중요하지만 단계를 내려가서 들려주면 중간에 아이가 아는 단어나 문장을 또다시 반복하며 들을 수 있어서 좋고, 새삼 난이도가 쉬운 지나온 문장이나 내용을 만만하게 대하는 모습을 보며 이 과정은 효과적이고도 중요한 방법임을 알게 되었다.

엄마의 목소리는 참으로 중요하다. 영어에 있어 엄마의 발음은 그다지 중요하지 않아도 엄마의 목소리와 그에 담긴 감성은 아이가 모국어이든 영어이든 언어를 배울 때 반드시 들어야 하는 듣기수업이다.

모국어 역시 수다스런 엄마가 말이 빠른 아이, 한글을 빨리 떼는 아이로 키우듯이 영어 역시 엄마가 늘 이야기를 들려주는 아이가 영어도 잘하는 아이, 나아가서 이해력이 빠른 아이로 성장할 수 있다.

학교에 들어가기 전 재희가 1년 남짓 다니고 졸업한 유치원은 영어 유치원이다. 일산으로 이사 와서 이곳저곳을 고민하다가 결국 재희가 선택한 곳이다. 일반 유치원에서 접하는 영어수업시간이 너무나 짧고 아쉬워하는 재희는 이곳에서 즐겁게 수업을 하고 '영어 말하기 경시대회'에 나가서 좋은 성적도 거두었다.

영어를 좋아하는 만큼 그에 맞는 환경을 찾아간 덕분에 아이는 늘 즐거운 하루하루를 보냈다. 그러나 학교에 입학하자 이야기는 달라졌다.

많은 엄마들이 연이어 초등부 학원에 자연스럽게 지원하는 모습을 보고 나 역시 당연하게 영어학원에 등록을 했다. 누구보다도 영어로 놀기를 좋아하는 아이인데 방과 후 수업이 없는 날 학원에 가서 좋아하는 영어에 빠지겠구나 생각했던 것이다.

하지만 어느 날, 재희는 학원에 다니기 싫다고 했다. 처음에는 아이를 달래 학원을 보냈지만, 며칠이 지나자 아이는 집에서 영어책을 읽고 싶다고 했다. 원인을 물으니 학원 숙제가 하기 싫다는 것이다. 영어를 좋아하니 당연히 영어의 놀이터인 학원에서 즐거운 생활을 하리라 생각했던 나의 생각은 빗나갔다.

당연히 많이 들어서 탄탄한 '재희의 영어'라고 생각했는데, 많이 읽어 와서 자신 있는 '재희의 영어'라고 생각했는데 아이의 마음이 변한 것일까? 영어숙제의 대부분은 읽고 녹음하고 쓰는 숙제였다. 일하고 있는 엄마이니 예전처럼은 아니지만 얼마든지 도와줄 수도 있는데 학원을 그만두겠다니!

그러다 문득 생각을 바꾸었다. 아이는 아직 쓰는 것이 서투를 수도 있겠다 싶었다. 듣고 말하고 읽는 것은 마음에서 우러나와도 쓰는 것은 도무지 않아서 이겨낼 수 없는 시간일지도 모른다.

재희는 지금 학교가 끝나면 수요일 방과 후 수업 하나만 하고 나머지는 노는 시간이다. 혼자서 영어책을 읽겠다고 선언하고 표를 만들어 자신의 방에 붙여놓고 하나하나 체크하며 영어와 놀고 있다. 물론 머지않아 쓰기에도 진정한 몰입을 해야 할 시간이 오겠지만, 당분간은 읽기에 몰입하는 재희를 믿고 기다려 줄 참이다.

영어의 처음은 듣기로 시작한다. 그리고 마지막은 쓰기로 장식된다. 시간이 걸리더라도 아이는 듣고 말하며 읽은 뒤 쓰는 시간을 거친다. 이때 부모가 해줄 일이라면 아이에게 차분한 순서를 밟되 조화로운 균형의 과정을 잃지 않도록 끊임없는 환경과 믿음을 심어주는 일이다. 아이의 영어가 독립하는 그날까지 믿고 기다려주는 엄마가 되자. 아이의 성장에 맞는 과정을 이해하고 돕는 엄마는 진정한 Wonderful Mom이다.

5장

아이의 미래가 결정되는
엄마 습관

착한 영재로
키우지 마라

미국의 산업심리학자 매슬로우는 사람의 다양한 욕구를 다섯 단계로 나누어 설명한 바 있다. 1단계인 생리적 욕구를 비롯해, 안전에 대한 욕구, 사회적 욕구, 존경의 욕구, 자아실현의 욕구를 차례로 밟아 올라가는데 무조건 위로 상승하는 단계가 아닌 하위욕구가 충족이 되어야만 다음 단계로 올라갈 수 있다는 이론이다.

아이들은 누구나 태어나서 생리적인 욕구를 만족하기를 원한다. 먹고 입고 자는 일이 해결이 되어야 안전하게 보호받고 싶은 심리도 생기는 것이다. 생리적 욕구와 안전에 대한 욕구는 많은 부모들이 기본적으로 아이에게 충족시켜 줄 수 있는 부분이다. 모든 아이가 그런 혜택을 받는 것은 아니지만, 어찌 되었든 많은 부모들은 이 단계까지 최선을 다한다.

하지만 문제는 다음 단계로 넘어갈 때 무수히 부딪히는 상황에서 충족을 만족시켜주기가 힘들다는 것을 경험한다. 3단계인 사회적인 욕구는 자존심이나, 인간관계에 대한 배려 등이 포함되어 있기 때문에 자세히 관찰하고 안전한 소속감을 심어주는 것이 중요하다.

'착한 아이 콤플렉스'라는 말이 있다. 누구에게나 착하게 보여야 하고, 자신의 자존심이나 의견을 내세우지 않는 말 그대로 어른들의 말을 한 번의 대꾸도 없이 잘 따르는 아이들을 두고 하는 말이다. 처음에야 말을 잘 듣고 착하게 행동하니 칭찬을 받았을 것이고, 나아가서는 착하다는 칭찬을 받지 않으면 불안해하고 그에 따른 행동에만 집중을 하는 모습을 보인다.

많은 학자들은 이 '착한 아이 콤플렉스'를 두고 기본적인 욕구충족이 채워지지 않을 때 나타난다고 하는데 내 개인적인 견해 역시 매슬로우의 단계를 두고 본다면 3단계까지의 부족했던 부분이 쌓여서 일어나는 현상이라 생각한다.

아이는 자라면서 많은 부분 자신의 의견이나 생각을 표현하고 공감을 받아야 만족을 한다. 그리고 이 만족을 통해서 자신이 하고자 하는 일, 좋아하는 일에 몰입과 집중을 쏟아 부어 건강한 자아를 만들 수 있다.

늘 싸우는 부모 밑에서 자란 아이가 자신의 의지를 내세울 수 있을까? 늘 자신의 의견을 무시하는 부모 밑에서 성장한 아이가 새롭고 신기한 세계에 대한 호기심을 키워 낼 수 있을까? 항상 누군가에게 양보하고 눈치를 보며 사는 아이가 감성과 지성이 발달한 아이로 자랄 수 있을까?

사탕이라는 아이가 있다. 늘 동생에게 양보하고 자신의 마음을 몰라 주는 부모와 살면서 속이 상한 아이는 매일매일 악몽을 꾼다. 억울하고 충족되지 못한 마음을 표현하지 못한 채 '착하다.'는 말 한 마디에 모든 것을 내려놓는 아이. 아이는 어느 날 꿈속에서 또 하나의 자신과 이야기를 나눈다.

"왜 항상 말을 못 하는 거야?"

"내가 뭐라고 해야 하지?"

"속상하다고, 싫다고, 아프다고 이야기하라고!"

"내가 어떻게 그래, 나는 못 해!"

"해야 해! 넌 할 수 있어!"

'착한 아이 사탕이'라는 이 책은 재희가 어릴 때 읽어주던 책이지만 읽으면서 나의 어린 시절도 되돌아보았던 따뜻하고도 뭉클한 이야기다. 아이와 함께 나의 마음속에서 치유받지 못했던 또 하나의 나도 다 독여주고 위로를 해주며 재희와 많은 이야기를 나누던 책이다.

착한 아이의 마음을 잘 다독여주고 풀어주지 않으면 이 마음은 평생을 갈 수도 있다. 살면서 자신을 잊은 채 누군가의 눈치만 살피는 삶. 칭찬을 받지 않으면 불안하고 남이 나를 어떻게 볼까만 연연해하는 삶은 아이를 제대로 지탱해 줄 수 없다.

많은 사람들은 아이가 영재라고 하거나 똑똑하다고 하면 으레 지나친 걱정을 하고는 한다. 엄마가 시켜서 책을 읽고, 엄마가 시켜서 수학 문제를 풀다 보니 똑똑해질 수밖에 없다고 말하기도 하며 책육아가 어떻게 아이를 키울 수 있느냐며 엄마의 강압적인 교육이 아이를 만들었다고 믿는 사람들도 있다.

하지만 제대로 된 감성, 지성육아인 영재 육아란 무엇보다 아이의 의견을 존중한다. 무엇보다 아이의 감성을 충족시켜 지성의 영역까지 아이가 넓혀 나갈 수 있도록 많은 힘과 에너지를 불어 넣어준다.

부모의 눈치를 살피고 하고 싶은 행동이나 말을 억제당하면서 자란 아이들은 착하다는 칭찬을 듣기 위하여 자신의 에너지를 숨기거나 쓸데없는 곳에 집중시킨다.

흔히들 말하는 영재가 각광을 받지 못하는 이유 중의 하나는 부모가 억지로 만든 영재, 무조건 시키는 대로 하는 착한 영재라는 생각에서 비롯된 것이다. 자신의 생각이 우선시되기 전에 환경이 주는 강한 주입식 교육과 짜인 스케줄에 따라 움직이는 영재는 눈에 보이는 성적이나 숫자로만 드러나므로 알아보기는 쉬워도 잠재적인 아이의 재능은 제대로 형성될 수가 없는 것이다.

착하게만 자란 어린 영재가 어릴 적 상처를 치유받지 못한다면 일반 아이들이 받은 상처 이상의 커다란 후유증이 오는 것은 그래서 위험하다. 두뇌는 또래 아이들보다 훌륭하고 앞서가지만 감성만큼은 또래에 머물러 있거나 어쩌면 더 예민할지도 모르기에 제대로 인정받지 못할 때의 부정적인 효과는 몇백 배 더 크기 때문이다.

아이가 생각하고 공감하고 싶어 하는 마음을 부모가 제대로 읽어주는 것은 아이의 뇌를 크게 키워 줄 뿐만 아니라 이성적이고 논리적으로 판단하는 데에도 많은 도움을 준다.

오래전 읽었던 '부자 아빠, 가난한 아빠'의 저자 '로버트 기요사키'는 어릴 적 부자 아빠에게 부당한 대우를 당한 적이 있었다. 돈을 벌게 해준다고 해놓고서는 얼토당토않게 일당을 준건 물론이고 그 부당함을 따지러 간 기요사키에게 아버지는 기다림을 가중시켜 아이에게 분노와 억울함을 동시에 안겨주었다.

기요사키가 따져 물을 때 아버지는 모든 것을 들어주며 아이가 논리적이고 이성적으로 말을 하는 모습을 관찰하고 이런 말을 했다.

"와우! 그만하면 나쁘지 않은 편이구나. 한 달도 안 돼서 우리 직원들 대다수처럼 말하니 말이다."

아이가 억울한 점을 표출할 때 인내를 가지고 아이의 말을 들어주는 모습은 읽는 사람으로 하여금 감동을 안겨주기에 충분하다고 생각한다. 물론 아이에게 교육적인 목적이 있었기에 가능한 일이었지만, 아이가 내세우는 주장이나 의견에 귀를 기울이는 모습은 아이를 낳고 기르는 데 있어 꼭 필요한 부모의 자세이다.

아이를 키우면서 아이의 부정적인 마음을 읽어주는 것 또한 대단히 어려운 일이지만, 아이가 자신을 사랑하고 자신의 감정에 충실할 수 있도록 도와주는 것은 사회적인 욕구를 충족시켜주는 하나의 과정이다.

어느 날 상담을 원해 만난 기예 엄마는 아이가 부정적인 말을 할 때 본인의 화를 참아내지 못하고 같이 화를 내는 엄마였다. 아이가 하지 말라는 말을 들을 때 바로 엄마에게 던지는 말은 "싫어, 엄마 미워!"였다.

하지만 아이가 싫다는 말이나 밉다는 말은 아이의 부정적인 감정이기는 하지만 장기적으로 쌓아온 아이의 감정은 아니다. 그 상황에 부딪힌 아이의 솔직한 감정일 뿐이다.

만약 이때 아이의 감정을 부정적으로만 생각하고 혼을 내거나 인정해주지 않는다면 부모는 아이에게 감정을 억제시키는 것이다. 감정을 억제시킨다는 것은 그 자리에서 부모에게 존경을 표해야 하고 자신의 감정을 숨기는 것으로 이것은 허락받지 못한 감정, 생각하거나 말할 수 없는 감정이 되어 버린다.

아이의 부정적인 감정도 느긋하게 받아주고 기다려주면 아이도 나쁜 감정을 오래 가져갈 수 없다. 아이가 커가면서 감정을 다르게 표현하는 법을 가르쳐 주고 스트레스를 풀어주는 것이 필요한 것이지 당장 아이의 감정을 억압하는 것은 좋은 방법이 아니다.

어느 날 강아지 한 마리가 강에서 실컷 헤엄을 치고 나오려 했다. 그러자 옆에서 같이 헤엄을 치던 물고기가 자신을 놔두고 가느냐며 뭐라고 하자 마음 착한 강아지는 물고기와 다시 헤엄을 쳤다. 하지만 체력이 다한 강아지는 결국 물에 빠져 죽고 말았다.

이 일화는 자신의 감정과 생각에 충실하지 않는 사람을 빗대어 한 말이기도 하다. 처음부터 자신의 상황이나 생각을 이야기했다면 어땠을까.

착한 영재는 위험하다. 감성과 지성이 골고루 발달하고 자신을 사랑하는 아이가 참다운 영재이다. 그러기 위해서 부모는 무한한 아이의 감정을 있는 그대로 바라보는 연습이 필요하다. 아이의 감정을 부드럽게 공감해주자. 아이의 부정적인 감정까지도 느긋한 마음으로 받아주고 아이에게 무한한 사랑을 주자. 배려와 사랑은 아이의 감정을 잘 다스리게 하고 자존감이 높은 아이로 자라게 한다.

칭찬과 꾸짖음을
병행하라

아이를 키우며 한 번도 혼을 내지 않는다는 것은 있을 수가 없는 일이다. 그렇다고 늘 칭찬만 가득한 일은 더욱 일어나지 않을 것이다. 칭찬과 꾸짖음은 동전의 앞뒷면처럼 아이를 키울 때 늘 붙어 다니는 떼려야 뗄 수 없는 상생관계이다.

문제는 칭찬과 꾸짖음의 조화와 균형이다. 많은 엄마들이 이 균형을 유지하지 못하는 데서 많은 절망과 스트레스를 받는 듯하다. 아이와의 유대감과 공감을 그대로 이해하며 균형을 유지해야 하지만 막상 아이에게 칭찬을 해줄 때는 힘들지 않게 유지는 해도 아이를 야단칠 때는 많은 부분에서 흐트러진 자세가 나오기 때문이다.

처음에 마음먹었던 침착함과 부드러움은 온데간데없고 화가 나고 소리를 치게 되는 엄마의 자세는 곧 균형을 깨뜨릴 수밖에 없다.

시카고 대학에서 한 가지 실험을 했다.

세계적으로 유명인사가 된 여러 사람들 중 과학자, 조각가, 수영선수, 화가, 의사 등 이미 세계적인 업적을 이룬 사람들의 과거를 조사해보니 이들은 처음에야 부모 손에 이끌려 이 모든 것을 시작했지만, 시간이 가면서 스스로 동기부여를 갖고 열심히 더 매진했다는 점이다. 그 동기부여의 힘은 역시 칭찬과 응원의 목소리였다. '정말, 잘하는구나!', '넌 소질이 있어!', '열심히 하는구나, 계속하면 누구처럼 훌륭한 사람이 되겠구나!'라는 칭찬이 그것이다.

본인의 의지보다는 환경에 의한 가르침이었지만, 주변의 칭찬들이 쌓이고 쌓인 과정을 거치면서 아이들은 자신이 다른 사람보다 뭔가 특별하다는 느낌을 받고 그런 좋은 감정과 느낌을 계속 유지하고 싶은 마음에 더욱 분발을 하게 된다.

또한 이 실험에서 우리가 알 수 있는 것은 아이가 어릴 때 부모가 아이에게 경험할 수 있는 많은 일을 환경적으로 만들어주고 관심을 가져야 한다는 것이다. 아이는 어디서 자신의 재능을 뿜어낼지 모르는 일이다. 좋아하는 관심분야를 정하고 칭찬과 관심을 꾸준히 가져주는 일이 아이를 제대로 키워내는 일이다.

7년 전 첫아이를 낳았을 때 조리원에서 한 언니를 만났다. 그 언니는 이미 다섯 살 난 딸아이가 있었고, 내가 첫 아이를 낳은 조리원에서 언니는 둘째로 아들을 낳았던 것이다. 가끔씩 놀러오는 언니의 큰아이는 말도 잘하고 밝은 모습으로 뛰어다니며 놀고는 했다.

지금도 마찬가지지만 그때 언니는 큰아이를 옆에 있는 첫아이를 둔 엄마들에게 많은 자랑을 하고 싶었나 보다. 바이올린도 가르치고 발레도 가르치며 아이가 하고 싶은 것은 다 해줄 것이라며 자신만만했던 모습이 떠오른다.

몇 달 뒤 아이 주사를 맞히기 위해 병원을 찾아가니 언니네 식구들이 먼저 와 있었다. 할아버지와 할머니, 언니, 신랑 그리고 두 아이는 한 쪽 벽에 붙어 있는 소파를 다 차지할 수밖에 없었지만, 누가 봐도 대가족으로 우리의 시선을 끄는 자리였다.

그러다가 나는 놀라운 광경에 말문이 막힐 수밖에 없었다. 할아버지 품에 앉아 있던 딸아이가 갑자기 할아버지를 마구 때리는 것이다. '뭔가에 불만이 있었겠지.'라고만 생각하기에는 아이 행동이 너무 거칠었다. 그리고는 순식간에 위쪽으로 기어 올라가서는 할아버지 머리를 주먹으로 내려치는 것이 아닌가.

세상에! 나는 너무 놀라 언니를 바라보았지만, 언니는 대수롭지 않다는 듯 둘째 아이에게로 시선을 돌렸다. 그보다는 몇 초 먼저 내 신랑이 아이에게 소리를 쳤다. "이놈!" 하는 소리에 신랑도 아차 싶었는지 시선을 거두었지만, 남들이 먼저 반응을 할 정도라면 누가 보더라도 문제가 있는 행동이다.

아이는 분명 화가 났다. 그러나 그 아이를 할아버지에게만 맡기고 시선을 거둔 그 부부가 나는 이해가 가지 않는다. 당황한 할아버지는 아이를 아이 아빠에게 건네고 밖으로 나가셨다. 아이의 잘잘못은 그때

이야기해 주지 않으면 안 된다. 물론 장황하게 설명할 필요야 없지만, 그 자리를 떠나면 아이는 자신의 행동을 잊는 것은 물론이요, 나중에 무언가를 혼내려 하는 부모의 말도 이해하지 못한다.

칭찬과 꾸짖음은 어느 한 쪽으로 기울어서는 안 되는 문제이다. 그 때의 상황에 맞게 부모가 적절하게 균형을 맞추어 주어야 한다.

설웅이는 엄마가 칭찬을 하며 밝게 키운 아이이다. 동생과 무엇을 나누어 먹을 때에도 칭찬하고, 유치원에서 돌아와 손을 씻으러 가도 칭찬하고 아침에 일찍 일어나도 칭찬을 해준다. 아이가 아이들과 잘 놀았을 때도 칭찬을 해주고 어른들에게 인사를 할 때도 칭찬을 해주었다.

그러다 보니 이제 설웅이는 칭찬 듣는 것을 좋아한다. 밥을 먹고 나서 "저 잘하죠?"부터 시작해 책을 읽고 나서도 "엄마, 저 책 잘 읽죠?" 등 칭찬을 늘 듣고 싶어 한다. 그러다가 이제는 "저 똑똑하죠?"라는 말을 서슴지 않게 하는 모습을 본다.

칭찬은 물론 좋은 것이지만, 제때에 제대로 된 칭찬이 아니라면 칭찬은 아껴둘 필요도 있다. 어른인 나도 '좋다, 괜찮다.'라는 칭찬을 처음 몇 번은 듣기 좋아하지만 계속해서 아무 때나 듣고 나면 상대방의 마음을 의심할 때가 있다. 진심이 아닌 형식적인 인사에 불과한 말이 되어버린 그런 말들을 들으며 기분이 마냥 좋지는 않다.

늘 야단만 맞는 아이는 어떨까? 세상에 대한 불신이나 분노가 쌓여 자신의 에너지를 자신에게 온전히 쓸 줄 모르는 아이로 커나가게 될 것이다. 내 주변에도 유난히 아이에게 칭찬보다는 야단을 우선으로 하는 엄마도 있다.

남의 시선이 더 중요하기도 하고 아이가 비뚤어지는 모습을 우려해서 칭찬보다는 무언가를 고쳐주겠다는 마음에 꾸짖음이 먼저 나가는 모습을 보며 안타까운 마음이 들 때가 있었다.

하지만 야단을 치고 나서는 반드시 아이 마음을 달래 주어야 한다. 엄마가 화가 나는 것은 아이의 행동이지 아이 존재 자체가 미워서 그런 것이 아님을 아이에게 상기시켜 주어야 아이 또한 나쁜 생각을 하지 않는다.

비록 아이의 행동이 옳지 않아 힘들게 야단을 쳤지만, 아이에게 설명을 해주고 아이 마음을 다독여 준다면 습관처럼 야단만 맞는 아이와는 차원이 다른 훈육이 된다.

칭찬과 야단을 병행하는 것은 상황과 때에 따라 달라야 하지만 같은 상황 같은 때에도 병행해주어야 하는 일이다. 늘 아이의 마음을 읽어주며 아이와 함께 하는 일상이 행복하다는 솔이 엄마는 아이들의 감성육아를 그대로 실천하는 엄마이다.

칭찬을 할 때는 아이의 마음을 그대로 읽어주며 그 상황에서 칭찬들을 일만 구체적으로 설명해준다.

"오늘은 손을 정말 깨끗하게 씻었구나!"

"오늘은 책 한 권을 집중해서 잘 읽었네!"

이런 식으로 아이에게 자세하게 설명을 해주어서 아이는 그 행동을 뿌듯해한다.

솔이가 동생 별이와 놀다가 밀친 적이 있다. 엄마가 솔이에게 준 빵을 별이가 먹고 싶어 하자 솔이는 빵을 뚝 잘라 별이에게 나누어 주었지만, 남아 있는 빵마저도 별이가 달라고 하자 별이를 밀친 것이다. 그 자리에서 별이는 울고불고 한바탕 소란을 피웠지만, 솔이 엄마는 두 아이를 침착하게 달랬다.

큰아이 솔이에게는 빵을 나누어먹은 것에 대한 칭찬을 먼저 해주고, 동생을 밀친 것에 대해서는 좋지 않은 행동이라고 타일렀다. 그때는 말로 해도 되고, 화를 낼 수 있지만, 동생을 때리거나 미는 것은 옳은 행동이 아니라 일렀다.

별이에게는 빵이 더 먹고 싶었던 마음을 먼저 읽어주었다. 아니면 언니 것을 그냥 탐낸 것이 아닌지 관찰도 해보았다. 본인 것은 다 먹고 또다시 언니 것을 달라고 하는 것은 욕심을 내는 것이니 다음부터는 엄마에게 달라고 하라며 마무리를 지었다.

이런 솔이 엄마의 행동은 솔이나 별이 두 아이 모두에게 긍정적인 영향을 미칠 것이다. 이런 행동들이 쌓이다 보면, 아이들은 엄마로부터 충족되어진 마음을 기반으로 더욱 밝은 에너지로 세상의 모든 면들을 바라볼 수 있기 때문이다. 긍정적인 에너지로 자신을 돌볼 것이며 긍정적인 에너지로 세상과 사람들에게 배려를 선물할 것이다.

주변에는 칭찬과 꾸짖음의 경계선을 모르는 엄마들이 꽤 있다. 어떤 때는 과도하게 칭찬을 해주고 또 어떤 때는 꾸짖을 타이밍을 놓쳐 애를 먹기도 한다. 남들의 시선을 의식한 채 나의 육아관을 잠시 잊고 순서가 뒤엉켜 화부터 내거나 아이에게 야단치고 아이 마음을 다독여주는 일을 잊기도 하고, 남들 앞에서 자랑하는 일을 습관 삼아 칭찬만 늘어놓는 실수를 범하기도 한다.

하지만 아이의 옳고 그름은 아이 스스로 판단할 수 없다. 아이가 자신의 잘잘못을 스스로 깨우쳐 행동하기까지는 부모가 옆에서 많은 시행착오를 겪어주어야 아이도 깨닫는다.

나의 아이가 올바른 판단을 하고 긍정적인 에너지를 가지고 세상을 살아가도록 칭찬과 꾸짖음을 균형 있게 베풀자.

아이는 살면서 느낄 것이다. 왜 그때는 칭찬이 필요했고, 왜 그때는 엄마에게 혼났었는지, 무한히 자상한 엄마이면서도 엄격했던 엄마의 두 얼굴이 왜 필요한지를 말이다.

그러면서 먼 훗날 아이는 자신의 아이들에게 같은 방식으로 아이들을 대하며 부모인 우리를 생각할 것이다. 그날을 생각하면 아이에게 한 가지라도 더 칭찬하고 한 가지라도 더 바르게 키우려는 노력을 기울여야 하겠다.

아이는
소유물이 아니다

　몇 해 전 탤런트 김혜자 씨가 '꽃으로도 때리지 말라'라는 책을 펴내
화제가 된 적이 있었다. 아프리카 아이들의 피해를 보며 가슴 아픈 현
실을 책으로 담아내 아이들의 소중함과 지금의 현실에 감사함을 느끼
게 해준 글들이다. 다른 곳 다른 장소에서 사람이 사람답게 살지 못하
고 있는 것에 대해 가슴이 아프다가 문득 이곳에서 나의 아이들을 어떻
게 키워야 하는지에 대해 고민하고 반성하는 계기가 되었던 시간이다.

　사람은 누구에게나 소속되어 있지만, 그 누구에게 소유되어야 할 존
재는 아니다. 누군가가 아껴주고 보살펴주며 사랑해주는 것은 행복한
일이지만 도가 지나치면 사랑이 아닌 지나친 간섭과 집착으로밖에 표
현되지 않기 때문이다.

　결혼을 하기 전 많은 고민의 시간을 가진 적이 있다. 청춘이란 원래
아프고 고민도 많이 하는 시기라지만 인생에 있어 가장 큰 선택을 앞

두고 가까이 있는 엄마와 마음을 터놓고 많은 이야기를 했던 시간들이 있었다. 그때 엄마에게 들은 말 중 가장 인상 깊었던 이야기는 "내가 다 알지. 내가 너를 낳았는데 어찌 네 마음을 모를꼬!"였다.

그 말을 들으며 순간 마음이 편하게 가라앉음을 느끼고 안고 있던 고민들이 사라지는 듯했다. 하지만 집으로 가는 차 안에서 한 가지 깨달은 사실이 있었다. 엄마에게 그 말을 듣는 순간 나는 다음 말을 꺼내지 않았던 것이다. 엄마가 내 마음을 알아주어서 고맙고 든든했지만, 나는 엄마에게 더 이상 속이야기를 하지 않았고, 그것은 곧 나의 마음을 엄마가 다 알지 못할 수도 있다는 것이었다.

내 인생인데 내가 앞으로 살아갈 고민과 선택에 있어 엄마 입장과 나의 입장은 다를 수밖에 없다는 것을 새삼 깨달으며 아무리 나를 낳으신 엄마지만, 나를 완벽하게 이해할 수 없다는 것에 섭섭함과 쓸쓸함이 동시에 밀려오는 듯했다.

아이를 낳고 키우며 그때의 생각은 내게 큰 영향을 주었다. 아이에게 최선을 다하고 헌신을 하지만 아이를 온전히 내 것으로 만들 수 없다는 사실이다. 아이의 인생은 내가 그 시절 그랬듯이 내가 다 이해할 수 없는 세계가 반드시 있음을 새겨야 한다는 것이다.

아이를 낳고 마냥 기쁠 때는 잠깐 이 생각을 잊은 적도 있었다. 내가 원하는 대로 내가 가르쳐준 대로 따라오는 아이가 신기하고 믿음직스러워 내가 의도만 잘하면 내가 원하는 이상형의 아이로 자랄 수도 있겠다는 생각으로 아이를 대했다. 하지만 나의 의도는 오래가지 못하고 매번 매 상황에서 아이는 자신의 인생이 따로 있다고 말로 행동으로 여실히 보여준다.

그렇다. 나는 아이를 낳았지만, 아이의 생각과 뜻을 함께 낳지는 않았다. 아주 어린 아기 시절부터 아이는 자신만의 개성과 성향으로 자신의 인생을 살아가며 엄마인 나는 옆에서 도와주고 이끌어주는 존재일 뿐이다.

아무리 가족이지만 나의 작은 아이들을 내 마음껏 진두지휘 아래 군대처럼 다스릴 수는 없는 일이다. 아무리 작은 아이들이지만 아이들의 의견을 무시하고 나의 뜻대로 아이들을 끌고 갈 수는 없는 일이다.

심리학 박사 이민규 교수는 '끌리는 사람은 1%가 다르다'에서 아무리 가족이지만 가족 간의 기본적인 예의에 대해서 언급을 한 적이 있다. 아이에게 온 편지나 메일을 함부로 열어본다든지, 아이의 장난감이나 물건들을 함부로 치우는 일 등은 아이에게도 상처를 남길 수 있다는 것이다. 아이의 방문을 함부로 열어본다든지 아이의 의견이나 공간을 무시한다면 아이는 과연 어떤 사람으로 자라게 될까?

아이를 나의 소유물로 대하면 엄마 또한 불행진다는 사실을 알아야 한다. 처음에야 아이를 생각해서 대했던 행동들도 타이밍이 맞지 않거나 정도가 지나치면 점점 더 아이를 객관적으로 바라 볼 수 없게 된다.

얼마 전 오랜만에 걸려온 전화를 받았다. 이제 초등학교에 입학한 희주 엄마의 목소리는 들뜸과 동시에 걱정이 섞인 목소리다.

학급 반대표까지 맡아서 다른 아이들의 엄마들과 친분을 유지해야 하는데 아이가 다른 아이들에 비해 부족하지 않도록 많은 부분 신경을 써주어야 한다는 내용으로 목소리는 들떠 있었고, 그동안 책도 안 읽히고 학원을 다녀보지 않은 아이에게 이것저것 시키려 하니 걱정이 앞선다는 내용이었다.

하지만 희주 엄마가 내린 결론은 전자의 들뜸에 기울어져 아이는 방과 후 피아노, 미술학원을 비롯해 학습지, 인라인 스케이트와 발레를 소화해야 했다. 아이는 즐거워서 한다고 해도 희주 엄마의 욕심은 어디까지 갈지 모른다.

엄마 스스로도 한계를 모르기 때문에 불안하고 아이를 있는 그대로 볼 수가 없기 때문에 엄마는 불행해진다. 충분히 잘하고 있는 아이에게 부족함을 강조하고 다른 아이와 비교하는 것은 아이에게도 불행함을 안겨주는 것이다.

아이는 부족함을 강조하고 다그칠 때 앞으로 나아가지 않는다. 엄마의 욕심과 아빠의 큰 기대로 아이는 성장하지 않는다. 아이는 기다려주고 소유하지 않는 모습을 보이는 부모 앞에서만 자신의 재능을 보여주고 바르게 성장한다.

'피그말리온 효과'라는 말이 있다. 그리스 신화 속의 피그말리온 왕이 자신이 조각한 여성상을 진심으로 사랑하다가 미의 여신 아프로디테가 그의 소원을 들어주어 조각상을 인간으로 만들어주었다는 이야기에서 유래된 이야기인데 학교에서나 가정에서 믿음을 가지고 칭찬을 해주는 아이들이 더 좋은 성적을 가져왔다는 실험으로 더욱 유명해진 말이다.

부모라면 피그말리온의 왕처럼 사랑과 믿음으로 기다리는 자세가 필요하다. 피그말리온 왕이 조각상을 억지로 인간으로 만들려고만 했다면 어땠을까? 조각상을 인간으로 만드는 일은 피그말리온 왕의 능력 밖의 일이다. 아이를 소유하지 않고 사랑과 믿음으로 기다려주는 대가는 조각상이 사람으로 바뀐 것만큼이나 놀랍고 의미 있는 결과를 안겨준다.

아이를 믿고 있는 그대로 기다려주는 일은 아이와의 거리를 적당히 유지하는 길이기도 하다. 엄마로서 아이와의 거리를 유지하는 일이 누구보다 어렵다는 것을 잘 알면서도 정도와 거리 유지는 아이를 키울 때 꼭 필요한 마음자세임을 강조하고 싶다.

아이를 지켜보고 옆에 있으면서도 숨 막히지 않도록 보호해줄 것, 훈육이라는 이유로 자유를 억압하거나 아이를 무시하지 말 것, 때로는 잠깐 왔다가 독립해야 하는 손님으로 대할 것 등은 아이를 키우며 새롭게 마음먹은 자세들이다.

물론 이런 일들이 쉽지만은 않다. 아이들을 키우며 엄마 역시 화가 나고 상처를 받기 때문이다. 그래서 일부분이지만 조기교육을 아예 반대하거나 엄마의 마음이나 입장이 우선시되어야 함을 강조하는 육아서를 찾는 엄마들도 있다.

육아는 힘든 길이다. 그 길에서 무소의 뿔처럼 혼자 가는 엄마는 화도 나고 상처도 나며 길도 잃고 방황도 한다. 그래도 끝까지 갈 수 있는 것은 그 길 끝에 아이가 있기 때문이다. 아이의 교육이나 육아를 포기할 것이 아니라 엄마인 나의 마음도 인정하고 아이 마음도 인정하며 손을 잡고 나가야 하는 길을 빨리 깨우쳐야 한다.

흔히들 말하는 조기교육이 아닌 내 아이의 발달과정에 정성을 쏟고 육아라는 길에서 부딪히는 화와 상처를 아이에게 넘겨주지 않도록 현명하게 걸러내는 일이 참된 육아임을 빨리 깨우친다면 육아라는 부담을 내려놓고 아이를 있는 그대로 바라볼 날이 빨리 올 것이다.

아이에게 늘 잘하는 엄마일 수도, 모든 것을 다 잘할 수 있는 완벽한 엄마일 수도 없지만, 아이가 생각하기에 옆에 있는 것만으로도 든든한 엄마는 최고의 엄마이다.

나 역시 화가 나고 울컥하는 마음이 들 때는 아이보다는 내 감정이 우선이기는 하다. 하지만 그 감정을 아이에게 전가시키는 것이 아니라 엄마가 화가 났음을 조근 조근 이야기하거나 베란다로 나가 화를 진정시키고 들어온다. 내 감정을 먼저 컨트롤하는 것이 아이를 있는 그대로 볼 수 있는 첫 번째 과정이기 때문이다.

좀 서툴면 어떤가. 아이를 키우며 나 역시 성장하고 있다는 것은 누구보다 내가 잘 알기에 아이와 거리를 두고 균형을 유지하는 법을 배우면 된다.

내 감정을 다스리지 못해 아이를 포기하거나 아이만이 우선시되어

나를 잃어버리는 육아는 제대로 된 육아가 아니다. 그 어떤 쪽도 상처를 받지 않고 서로 성장하는 과정이 아이와 나를 위한 구름을 걷는 듯 즐겁고 행복한 육아이다.

아이가 내 뜻대로 되지 않는다고 속상해하지 말자. 아이는 내 소유물이 아니다. 아이를 내 마음이 가는 대로 함부로 대하지 말자. 나는 아이를 낳았지만 아이의 생각과 뜻은 낳지 않았다.

함께 있되 거리를 두어라.
그래서 하늘 바람이 너희 사이에서 춤추게 하라.
서로 사랑하라.
그러나 사랑으로 구속하지는 말라.
그보다 너희 혼과 혼의 두 언덕 사이에
출렁이는 바다를 놓아두어라.

함께 노래하고 춤추며 즐거워하되
서로는 혼자 있게 하라.
마치 현악기의 줄들이 하나의 음악을 울릴지라도
줄은 혼자이듯이.

함께 서 있으라.
그러나 너무 가까이 서 있지는 말라.

사원의 기둥들도 서로 떨어져 있고
참나무와 삼나무는
서로의 그늘 속에선 자랄 수 없다.

- 칼릴 지브란, '함께 있되 거리를 두어라' 중에서

옆집 아이와 다름을
기꺼이 인정하라

면세점에서 일할 때의 일이다. 휴게실에서 쉬는 사이 후배들이 혈액형에 대한 이야기를 하고 있었다. 같이 수다를 떨며 동참하려 했지만 순간 나를 멈칫하게 만든 후배의 말이 귀에 들어왔다.

"그런데 AB형은 예민하고 까다로워서 별로예요"

이 말을 듣던 나는 고개를 돌릴 수밖에 없었다. AB형이었던 나는 그에 대해 반박을 하기보다는 그러려니 넘어가려고 했던 것이다. 하지만 다음 순간 후배는 내게 물었다.

"선배님은 AB형은 아니시죠?"

정말 혈액형으로 사람의 성격을 판단할 수 있을까? 과연 혈액형으로 사람을 바라보는 시각이 올바르다고 말할 수 있을까? 처음에야 나역시 이런 생각을 믿지 않았지만 사람들을 만나면서 서서히 유행처럼 번지는 관념에 고정이 되어갔다.

A형은 조심성이 많고 B형은 쾌활하다는 등의 각 혈액형들은 일부 특정 성격을 지니고 있다고 믿게 된 것이다. 하지만 아이를 낳고 기르며 그런 고정 관념들이 결코 나쁜 생각이나 습관만은 아니라는 것을 알게 되었다.

어차피 모든 사람이 같은 성향, 같은 기질이 아니라면 혈액형 또한 다를 수밖에 없고 그에 따라 기질도 다르게 나타날 수밖에 없는 것 아닌가.

예민하고 까다롭다는 AB형인 나는 세상의 모든 AB형을 사랑한다. 예민하고 까다롭다는 것은 조금은 지나치지만, 그만큼 섬세하고 다른 사람의 마음에 공감하는 능력이 뛰어나다는 이야기다. A형과 B형의 성격을 동시에 가지고 있으니 균형을 잡는 능력이 탁월하고 사물을 볼 때 다각적인 면에서 생각하는 센스도 가지고 있다.

이런 생각으로 접근을 하면 남편은 물론이고 나의 아이들은 나와 성격이 다름을 쉽게 인정할 수밖에 없다.

학자들 중에는 사람의 기본적인 기질을 크게 네 가지로 나누기도 한다. 다혈질, 담습질, 우울질, 점액질이 그것이다.

예를 들어 아이들이 블록을 쌓고 놀고 있다고 가정해보자. 누구보다 주도적으로 블록을 독점하려 하고 아무도 바라보아주지 않을 때 상처 받는 아이는 다혈질이며, 아이들을 블록 앞으로 모아놓고 아이들이 자신을 따라와 주지 않고 다른 곳으로 가버린 모습에 실망하는 아이는 담습질이다.

오랫동안 다른 아이가 블록을 쌓기만을 기다렸다가 자신의 차례가 되었을 때 끼어드는 아이가 있다면 그 모습에 분노를 느끼는 아이는 우울질이며, 이런저런 일에 느긋한 아이는 점액질에 해당한다고 볼 수 있다.

기질은 분명 태어나면서 가지고 있는 성격이지만 환경에 따라 많은 차이를 보여줄 수도 있다. 환경적으로 어떤 영향을 받고 자랐느냐에 따라 아이는 주도형, 감화형, 안정형, 순종형으로 나누어지기도 하기 때문이다. 어디 이뿐인가. 동양적인 체질로 구분하자면 태양인, 태음인, 소양인, 소음인 등 사람은 태어나면서 각자 가지고 태어나는 그릇도 기질도 성격도 다를 수밖에 없다.

아이를 키우며 나는 이 모든 사실을 빨리 인정할 수 있는 환경에 감사했다. 내가 한 가지 사실만을 놓고 나의 아이들을 키웠다면 옆집 아이들과 다른 아이들을 기준으로 아이들을 바라보았을 것이다. 한 부모 밑에서 같은 밥을 먹으며 사는 형제자매도 각각의 개성과 성격이 뚜렷한데 옆집 아이와 비교한들 얻을 수 있는 것은 아무것도 없다.

재희가 또래 아이들보다 앞서갈 때 집에는 또래 엄마들이 자주 들르기를 많이들 바랐다. 처음에야 나 또한 좋은 엄마를 만나고, 아이에게 좋은 친구를 사귀어 주겠다는 마음에 음식을 대접해가며 일부러 초대를 한 적도 있다.

그러나 때로는 좋은 결과만 기대할 수는 없었다. 엄마들이 재희를 기준으로 아이들을 대하는 모습에 나 역시 실망도 했지만, 엄마들이 거리를 두기 때문이다.

처음에야 방법을 모르고 방황을 할 수는 있지만, 어느 정도 육아의 틀을 잡았다면 나의 아이만을 바라보며 방법을 연구해야 한다. 나의 아이가 옆집 아이와 다른 점은 무엇인지, 나의 아이가 특별히 좋아하고 잘하는 것은 무엇인지를 엄마는 알아야 한다.

다른 집 아이가 잘한다고 해서 그대로 따라만 한다면 무슨 소용이 있을까. 옆집 아이가 좋아하는 것들을 나의 아이에게 적용하고 바로 따라와 주지 않는 것에 실망을 하다가 결국 많은 부분을 포기하는 엄마들을 보면 안타까운 생각이 든다.

마음속에 비교하는 생활이 습관이 되어버리면 엄마는 주변의 말 한마디에도 쉽게 흔들리는 모습을 본다.

위층에 사는 용인이 엄마는 줄곧 아이를 관찰하며 키웠지만 아이의 행동을 쉽게 믿지 못하는 엄마였다.

엄마들 모임에서 유행하는 문화센터 프로그램이나 비싼 교재도 다른 아이들이 즐겨하는 모습에 더욱 욕심을 내다 보니 형편이 어려움에도 서슴없이 프로그램을 구매하여 아이에게 커다란 기대를 걸고는 했다.

하지만 용인이는 또래 아이들이 좋아하는 만들기나 그리기가 아닌 상상놀이를 즐겨하고 누구든지 만나면 이야기를 지어내는 일을 좋아하는 아이였다. 엄마가 거금을 들여 짜놓은 프로그램을 따라가지 못한

용인이는 친구들을 만나면 재미있고 신나는 이야기를 펼치느라 시간이 가는 줄 모르는 아이다.

어느 날 용인이 엄마가 한숨을 쉬며 그 많은 교재와 프로그램을 어찌하느냐며 모임에서 하소연을 했다. 옆에 엄마들이 안타깝다며 축구나 뜀틀 교실을 시키거나 동화 구연 프로그램을 들으면 아이들과 어울릴 수 있을 거라는 이야기를 듣고 또다시 많은 프로그램을 알아보던 그 엄마는 요즈음에는 아예 모임에 나오지 않는다.

소식을 물어 듣고 싶어도, 또다시 엄마들의 이야기에 마음을 못 잡을 거 같다는 생각에 나 역시 연락을 못 하고 있지만, 이제는 용인이 엄마도 아이의 장점을 살려주어 그에 맞는 교육방법을 선택했으리라 믿을 뿐이다.

엄마가 옆집 아이와 비교하는 순간, 아이는 방황한다. 어릴 때는 엄마의 의견을 따라가며 어찌어찌 노력도 해보지만 어느 날 아이는 행동이나 말로 자신의 의사를 표현할 날이 온다. 그날이 오기 전 엄마도 시간을 아껴가며 옆집 아이와 비교하는 일을 자제해야 한다.

생각해 보니 아이를 키우며 시간이란 새삼 소중하다는 것을 느낀다. 태어날 때부터 아이들이 늘 옆에 있다 보니 아이는 자라고 있다는 것을 잊을 때가 있다. 이제 막 초등학교에 입학한 아들을 보며 매일같이 옆에 끼고 있던 아이가 차츰 나와 있는 시간이 줄고 있다는 생각에 시간의 소중함을 다시 느끼는 요즈음이다.

아이가 지금껏 나를 잘 따라와 준 것은 참으로 고마운 일이다. 나 역시 아이와 성장하며 보낸 시간들이 이제야 하나씩 드러나는 것 같아 뿌듯하면서도 서운한 감정은 어쩔 수 없다. 서운함이 가득하기 전에 아이가 내 옆에서 한순간이라도 나를 더 찾을 때 아이에게 집중해야 한다는 생각이 든다. 먼 훗날 돌이켜볼 때 옆집 아이와 비교하느라 내 아이와의 시간을 낭비했다면 후회한다 해도 아무 소용이 없을 것이기 때문이다.

일찍부터 나의 아이를 다른 아이와 비교하는 일 없이 나만의 아이로 인정하는 일은 그래서 그 어떤 일보다 우선시되어야 한다. 육아관을 세우고 아이와의 끈끈한 애착관계가 형성되어야 다른 사람들이 나의 아이의 대해서 이렇다 저렇다 말을 해도 흔들리지 않을 수 있다. 다른 아이들이 좋아하고 유행처럼 번지는 교육들과 상관없이 나의 아이에게 맞는 방법을 꿋꿋하게 유지할 수 있다.

아이가 학교에 입학하고 엄마로서 학부모총회를 다녀오고 어제는 아이의 담임선생님을 만났다. 학기 초 아이들이 학교생활에 적응해 나가는 이야기며 아이가 지니고 있는 특징들을 들으며 이제는 나만의 아이가 아닌 다른 사람의 입장에서 나의 아이를 생각해보는 시기가 왔다.

지금껏 흔들리지 않는 육아관을 가지고 나만의 아이를 키워왔다면 이제는 다른 사람이 바라보는 나의 아이를 객관적으로 평가하는 날이 온 것이다.

만약 다른 누군가처럼 지금도 아이를 비교해가며 아이 나름의 성향이나 기질을 인정하지 않았다면 새롭게 학교생활을 맞는 아이에게 또 다른 잣대로 다그쳤을 것이다.

하지만 그 누구도 나의 아이를 잘 알 수는 없다. 선생님이 말씀해주신 내 아이의 특징들은 내가 익히 알고 있던 것이며 잘 몰랐던 부분들이 있더라도 내가 키워왔던 모습이기 때문이다.

선생님을 비롯해 다른 그 누군가가 아이에 대해 평가를 해도 이제 흔들리지 않고 여유로운 마음이 생기는 것은 그동안 아이를 믿어왔기 때문이다. 아이와 함께 있는 동안은 내 아이를 믿고 아이의 특별함을 인정하자. 미리 비교하고 불안해하며 보내는 것이 아니라 하루하루를 내 아이만이 가지고 있는 특별함과 다름으로 소중하게 보낸다면 엄마도 아이도 그 이상 행복한 시간은 없을 것이다.

행복한 아이는
자존감이 높다

자존감이란 무엇일까? 자기 자신을 세상에서 가장 소중하게 생각하고 무슨 일이 있어도 자신을 사랑하는 일이다. 자신을 소중하게 생각하되 다른 사람의 입장에서 생각하고 배려하는 일이 몸에 배는 일은 갑자기 생겨나는 마음이 아니다.

어릴 적 착하게만 행동하는 것에 익숙한 사람은 자존감이 낮을 수밖에 없다. 무슨 일에서나 나 자신이 아닌 다른 사람의 의식이나 시선에 기준을 맞추다 보니 자신의 감정은 마지막으로 의식하고 마음속에 이미 자리를 잡은 남의 감정 안에 나의 감정을 받아줄 마음의 여유가 없기 때문이다.

학교를 다닐 적 자존감이 높은 아이를 신기하게 바라본 기억이 있다. 집에서도 바르게 자란 그 친구는 선생님에게 예의바르게 행동하면서도 자신의 의견을 뚜렷하게 말할 줄 아는 방법을 알고 있는 아이였다. 친구들에게 인기가 많은 것은 물론이고 선생님 또한 그 아이를 예뻐할 수밖에 없는 상황들을 우리는 많이 보아온 터였다.

하루는 먼 지방에서 깔끔하고 예쁘장하게 생긴 여자친구가 전학을 왔다. 앉을 자리를 찾던 선생님은 잘생기고 멋진 그 친구 옆자리에 새로 전학 온 여자친구를 앉혔다. 먼저 앉아 있던 여자아이의 의사는 묻지도 따지지도 않은 채 그저 비어 있는 자리로 옮기라는 말만 하신 선생님이 조금은 이해가 가지 않았다.

나중에 알고 보니 잘생기고 멋진 친구는 반강제로 옮겼던 여자아이에게 속상해하지 말라며 짝 중에서 네가 제일 멋진 짝이라고 웃으며 이야기 해주었단다.

선생님을 포함해 누구나가 자신을 좋아하고 아끼는 것을 알지만 자만심에 빠지는 아이가 아닌 다른 사람의 마음까지도 배려하는 모습에 초등학생이 아닌 멋진 오빠로만 보였던 그 친구를 우리는 아직도 그리워하며 이야기할 때가 있다.

아이를 키우며 느긋하고 배려하는 아이로 자라기를 바라면서도 나부터가 느긋하고 자존감이 높은 엄마여야 한다는 생각을 잊을 때가 있다. 엄마인 내가 조급한데 내 입에서 나가는 말이나 행동이 여유로울 수는 없다. 문득 아차 싶을 때 또 한 번 자존감에 대해서 생각해보며 나만의 시간을 갖는 것은 아이를 위해서나 나 자신을 위해서도 필요하다.

자존감이 높은 아이로 키우는 방법

1. 아이를 있는 그대로 사랑해주기

2. 아이의 마음에 공감하고 경청하기

3. 아이의 눈을 보며 대화하기

4. 칭찬을 적재적소에 맞게 해주기

5. 독립된 인격체로 아이를 존중하기

6. 긍정적인 가치관 심어주기

7. 호기심과 궁금증을 꺾지 않기

8. 착한 아이만을 강요하지 않기

9. 자신만의 스트레스 해소법을 갖게 하기

10. 다른 사람에 대한 이해와 배려를 가르치기

아이를 있는 그대로 사랑한다는 것은 아이에 대해 부모는 조건 없는 사랑을 한다는 뜻이다. 아이의 마음에 공감하고 경청을 하기 위해서는 부모인 내 말을 우선시하기보다 아이의 마음과 행동에 중점을 두는 것이 중요하다. 아이의 마음을 읽어줄 때는 아이의 눈빛을 읽는 일이 습관화되어야 하며 칭찬을 적재적소에 맞게 해주는 일 또한 아이의 입장을 생각해서 올바른 육아관이 정립되어야 한다.

아이를 하나의 독립된 인격체로 존중해 주기 위해서는 소유하는 마음을 버려야 하며 나부터 긍정적인 자세를 가지고 아이를 대해야 아이 또한 세상에 대해 불신하지 않는다.

아이가 자연과 더불어 생활해가며 호기심을 가지고 무언가에 몰입하는 환경은 아이를 더욱 성장하게 하며 아이의 의견을 무시하지 않아야 자존감이 없는 착한 아이로만 크는 일을 막을 수 있다.

자신을 사랑하며 생활해나가는 동안 분노조절이나 스트레스를 해소하는 일은 어릴 때부터 부모가 곁에서 지켜봐주어야 균형 있는 아이로 성장해 갈 수 있으며 그런 아이들은 곧 다른 사람을 배려하고 이해하는 일이 그렇지 않은 아이보다 쉽게 몸에 밸 수 있다.

행복한 아이는 자존감이 누구보다 높다. 행복한 아이는 세상을 긍정적으로 바라보며 쉽게 좌절하지 않는다. 어릴 때 좌절하는 일이 습관화되면 아이는 자존감이라는 감정을 맛보지 못한다. 좌절하는 일이 쌓이게 되면 모든 사물을 긍정적으로 바라보기가 힘들기 때문이다. 아이는 부모가 하는 말들이나 부모에게 받은 행동에서 좌절 등을 쉽게 경험할 수가 있다. '네가 뭘 안다고?', '네가 할 수나 있겠어?', 혹은 '왜 이거밖에 안 되는 거니?'라는 말들도 좌절을 느낄 수 있는 말들이다. 또한 아이를 믿지 못하는 눈으로 바라보는 눈빛에서도 아이는 부모의 마음을 읽을 수 있다. 부모의 말과 행동이 아이의 거울인 셈이다.

고등학교 때 일이다. 수업시간에 시청각 자료로 교탁 옆에 있는 TV

를 보는 시간이었다. 친구들보다 먼저 앉아 있던 나는 잘 보이는 자세를 고쳐가며 TV가 제대로 보이는지 신경 쓰면서 무심코 앞에 서 있는 친구에게 잘 안 보이니 비켜달라고 부탁을 했다. 하지만 그 시간 이후로 그 친구는 내게 거리를 두며 말 섞기를 꺼려했다.

이해가 안 가던 나는 곧 다른 친구에게 별로 좋지 않은 이야기를 들어야만 했다. 알고 보니 그 친구는 평소에 머리가 크다는 이야기를 종종 들어서 그 점을 콤플렉스로 가지고 있다는 것이었다. 나는 그 사실을 모르는 것은 물론, 머리이야기는 꺼내지도 않았건만 비켜달라는 말 한마디에 작지 않은 상처를 입힌 꼴이 된 것이다.

남들은 모르는 일에 스스로 상처를 받고 마음을 아파했을 그 친구를 생각하니 미안한 마음이 들기는 했다. 하지만 다른 사람이 신경 쓰지도 않는 일에 예민하고 걱정하는 모습에 안타까운 생각 또한 저버릴 수 없었다.

아이가 어릴 때에 자존감을 형성하지 않으면 아이는 커서도 많은 일에 불안을 느낄 것이다. 자신이 하는 모든 일에 만족을 하지 못하고 다른 사람의 눈치를 보며 행동하는 것은 불행한 일이다. 자존감이 들어가야 할 자리에 불안함과 두려움이 자리를 잡으면 아이는 더 큰 것을 보지 못하고 작은 것에 연연하며 강박증이나 결벽증에 머물 수도 있다.

강박증이나 결벽증 같은 정신적인 질병은 자신을 믿지 못해서 나오는 자신을 믿고자 하는 부분을 다른 데서 찾고자 하는 심리에 지나지 않는다. 처음부터 이런 증상을 원하지는 않겠지만 불안감이 쌓이다 보면 자기 자신을 잃어버릴 수도 있는 일이다.

자신을 잃어버리고 다른 사람의 생각에 의존하는 현상은 자기 자신을 존중하고 인정하지 못하는 자존감의 상실에서 비롯된다. 성인이 되어서도 자존감을 찾지 못하고 다른 사람의 생각에 의존해서 산다면 그것만큼 불행하고 안타까운 삶이 있을까?

자존감이 마음속에 굳건히 자리를 잡고 있으면 그 누구보다도 본인이 가장 행복하다. 다른 사람의 생각이 자신을 조절하지 못하는 건강한 자아가 형성되고 세상에 그 어떤 부정적인 영향으로부터 자신을 지켜주는 강한 보호막이 생기기 때문이다.

어릴 때부터 마음속에 자신만의 보호막을 칠 수 있도록 도와주는 부모는 훌륭한 부모이다. 그전에 부모가 먼저 자존감을 찾고 아이 앞에 서 있는 모습은 그래서 중요하다. 자신을 먼저 사랑하고 아끼는 모습은 많은 영재아이들을 키워낸 부모들의 공통점이기도 하다. 그런 건강한 부모 밑에는 자신을 사랑하는 아이들이 있을 수밖에 없다.

모든 부모는 자신의 아이들을 사랑한다. 그리고 세상의 모든 부모는 아이 스스로가 자신을 사랑하기를 원한다. 아이에게 사랑하는 모습을 보이면서 이 세상 그 누구보다 소중한 존재라는 것을 일깨워주면 아이는 자신이 사랑받고 있다는 믿음감에 자존감은 자라난다.

영국의 시인 알프레드 테니슨은 말했다.

'자신에 대한 존경, 자신에 대한 지식, 자신에 대한 억제, 이 세 가지가 생활에 절대적인 힘을 가져 온다.'라고 말이다. 삶에 있어 가장 중요한 첫 번째 요소는 자신을 사랑하고 존경하는 마음인 자존감이다. 이 자존감이 튼튼해야 세상을 버틸 수 있는 힘이 생기기 때문이다.

이 세상에서 가장 사랑하는 사람이 누구냐고 아이에게 물어보라. 바로 아이는 엄마·아빠 등이 나올 것이다. 많은 존재를 사랑하고 아끼는 것 또한 중요하지만 가장 필요한 것은 자신을 사랑하는 자존감이라는 사실을 아이에게 꼭 심어주자.

아이에게 바른 가치관을 가르쳐라

아이들을 가르치며 많은 교육관을 이야기할 때 유대인들의 교육방법이 거론되고는 한다. 유대인들은 특별한 가치관으로 아이들을 키운다. 오래전부터 성에 대한 이야기를 터부시해온 우리나라와는 달리 유대인들은 일찍부터 아이들에게 성적인 교육을 개방화했다.

아이 스스로 상상하며 궁금해하는 점을 솔직하고 담백하게 아이들에게 설명해주는 모습은 아이들을 비뚤어지는 일이 없도록 일찍부터 바른 성에 대한 가치관을 심어주는 일이다.

내 몸을 사랑하고 다른 사람의 몸을 사랑하는 일은 아이에게 일찍부터 가르쳐주면 아이는 조금 더 성숙해진 모습을 보여준다. 아이 스스로 커가며 알겠거니 하는 생각에서 벗어나 차츰 우리나라도 일찍부터 성교육을 하는 문화로 변화하는 모습은 다행이라는 생각이다.

유치원 생활을 하기 전 세빈이는 생활동화를 많이 좋아했다. 또래들이 읽는 동화책보다는 실생활에서 겪는 이야기를 책을 통해 바르게 배워나가는 모습이 재미있기도 하고 신기하기도 했던 모양이다. 하지만 이해가 가지 않는 모습들은 실제 생활에서 그대로 재연해가며 익히기도 했다.

오빠바라기로 무슨 일이든지 오빠와 같은 모습을 하고 싶어 하는 딸아이는 얼마 전까지만 해도 오빠가 입던 바지며 오빠가 입던 태권도복을 스스로 챙기고 아꼈다. 딸아이라 예쁜 원피스나 레이스가 달린 치마를 입히고 싶어도 좀처럼 고집을 꺾을 수 없기에 당분간 딸아이의 모습을 관찰했다. 역시나 큰아이가 입던 바지를 입고 다니며 큰아이의 신발을 자신의 구두보다도 더 많이 신고는 했다.

어느 날부턴가 딸아이는 큰아이가 화장실에서 소변을 보는 모습이 마냥 신기했던지 자신도 서서 소변을 보고 싶다고 했다. 처음에야 웃으며 넘겼지만 실제로 행동해보는 것이 나을 거 같아 마음대로 볼일 보는 일을 허락했다.

하지만 얼마 기지 않아 오빠처럼 변기뚜껑을 열고 서서 소변을 보던 딸은 급기야 울음 섞인 목소리로 짜증을 냈다.

하루가 지나고 이틀이 지나고 아이는 뭔가가 다르다는 것을 느끼며 고민을 하는 눈치였다.

난 이때다 싶어 세빈이에게 알아듣게 이야기해 주었다.

"세빈이는 여자지, 오빠는 남자고. 남자는 고추가 밖으로 나와서 서서 오줌을 누어야 편하고 여자는 안쪽에 있어서 앉아서 누어야 편한 거야."

"왜 안에 있는데?"

"나중에 엄마처럼 아기를 낳아야 하니까 안전하게 안에 있는 거야."

아이에게 설명을 해주니 네 살을 넘긴 올해에는 당연하게 그리고 소중하게 앉아서 볼일을 본다. 그리고 이 세상에서 되고 싶은 사람이 남자였다가 어느새 엄마가 되었다.

몇 해 전 해외에서는 여자가 서서 볼일을 볼 수 있는 화장실이며 휴대용 입식소변기도 만들어졌다는데 그런 말을 해줄 필요는 느끼지 않았다. 아이가 커서 필요하면 '사서 쓰겠지.'라며 웃어넘길 뿐이다.

아이에게 고추가 '있다, 없다.'로 가르치면 아이는 선입견을 갖게 된다. 있는 것은 좋은 것이고 없는 것은 어딘가 부족하고 좋지 않은 것으로 생각할 수도 있기 때문이다. 남녀 차별을 더 이상 두지 않는 요즈음 시대에 아이에게 성적인 교육을 바르게 가르치는 일은 부모가 먼저 나서서 해주어야 할 일이다.

일산으로 오기 전 서울에서 살면서 윗집 세용이네와 친하게 지냈다. 그때 이미 세용이는 초등학생이었고 재희는 여섯 살이었다. 윗집 아랫집이라 나들이도 같이 다니고 먼저 학교생활을 하고 있는 세용이 엄마에게 많은 부분을 미리 배워 좋은 점이 많은 시간이었다.

초등학교에 들어가면서 바빠진 세용이 엄마는 어느 날 아이의 대답에 힘들 때가 있다고 했다. 예전과 다르게 사춘기가 빨라진 아이들 때문일 것이다. 막연하게 아이의 대답을 미리 준비하던 나는 드디어 얼마 전 그 시기를 맞았다.

우주에 대한 질문부터 시작해서 삶과 죽음, 귀신과 유령에 대한 대답을 드디어 숙제로 풀기 시작한 것이다. 우주에 대한 질문과 답은 늘 해오던 대로 잘 이겨내고는 했지만 삶과 죽음은 조금 심각했다.

아이가 질문을 할 때 우선 나는 얼굴표정에 신경을 쓴다. 그리고는 삶에 대해서 조근조근 이야기를 하고 죽음을 아이만큼은 심각해하지 않으면서 되도록 무섭지 않게 다루고 싶었다. 사는 것과 죽는 것은 하나로 연결되어 있고 죽어서도 영원할 수 있으며 죽어서도 사는 사람과 영혼과 마음은 통하고 있음을 강조해주었다.

사람은 누구나 죽음에 대한 공포를 가지고 있다. 하지만 죽음을 어떻게 바라보느냐에 따라 마음을 편하게 가질 수도 있고 언제까지나 공포를 가지로 하루하루 살아갈 수도 있다.

"엄마, 이 세상에 모든 사람이 한꺼번에 죽으면 어떻게 하죠? 무섭고 겁이 나요."

"이 세상에 모든 사람이 죽으면 엄마도 아빠도 죽고 없을 텐데 뭐가 무서운 거지?"

"모든 사람이 죽고 나 혼자 살아 있으면요?"

"이 세상 사람들이 모두 죽고 없는데 혼자 세상에 남아 있는 것도 무섭지 않을까?"

아이가 사는 것을 즐겁고 행복하게만 생각하며 이런 질문을 안 한다면 좋으련만, 아이는 커가면서 나름대로 가치관과 정체성을 확립하고 있는 중이다.

세상은 무서운 것도 두려울 것도 없으며 죽음의 공포를 심각하게만 받아주지 않으면 아이는 곧 일상으로 돌아오고는 한다.

하루는 군대이야기를 꺼내며 또다시 총과 전쟁에 대해 아이가 언급했다.

"엄마, 총은 어디서 사요?"

"다른 나라는 총을 자유롭게 사고팔기도 하는데 우리나라는 그렇지가 않아. 아, 군대에 가면 총을 다룰 수 있을 거야."

"아, 엄마 나는 군대 가기 싫어요! 총에 맞기 싫다고요!"

"그래, 지금은 군대에 가기 싫을 수 있어. 그리고 군대에 간다고 총을 맞는 일은 없단다! 그러니 걱정하지 않아도 돼!"

마침 이때는 총기사건에 대한 문제가 뉴스며 신문지면에 잔뜩 올라와 있던 때라 나 역시 아이에게 대답을 해주면서도 어수선한 현실에 인상을 찌푸렸던 기억이 난다.

하지만 그렇다고 아이에게 그런 질문만 해대느냐고 혼을 내고 다그친다면 아이는 죽음을 더 두려운 문제로만 인식했을 것이다.

하루하루 이런 질문만 해댄다면 나 역시 우울해지고 심각해질 것 같다는 생각에 잠든 아이 옆에서 잠을 못 이룬 적도 있었다. 세상에 내 아들이 밝고 건강한 생각을 하면 걱정할 일이 없겠는데 대체 내 아이는 왜 이런 것일까라는 생각으로 한숨을 쉰 적이 있다.

그러나 아이는 고민을 스스로 이겨 내가며 밝게 커가고 있다. 매일

매일 이런 고민만을 해댈 줄 알았던 나의 걱정과는 다르게 언제 그랬냐는 듯 아이는 웃으며 '내가 그랬어요?'라는 말도 능청스럽게 한다.

아이가 어쩌다가 이런 질문을 할 때가 있다면 엄마는 당황하지 않고 대담하게 말할 수 있어야 한다. 내일 지구가 멸망하더라도 오늘은 늘 그랬던 것처럼 똑같이 사는 거라고 말하며 아이를 평화로운 일상으로 데리고 와야 한다.

나는 아이를 평화롭게 가르치고 싶어도 사회가 그런 분위기가 아니라면 어떨까? 일찍부터 글을 알았던 재희는 여섯 살을 넘기며 피아노를 배우기 시작했다. 피아노 원장님이 안 계실 때는 옆에 계신 선생님에게 피아노를 배웠던 재희가 하루는 내게 물었다.

"엄마, 선생님이 그러는데 어떤 아저씨가 손에 못이 박혔대요. 정말 슬퍼요."

처음에 대수롭지 않게만 들었던 이 이야기는 피아노를 칠 때마다 교회에 다니라고 전도를 하신 선생님의 영향이었다.

나 역시 교회를 다닌 적이 있고, 하느님의 존재를 믿지만 아이가 부정적인 이야기부터 듣는 것에 마음이 편하질 않던 터였다. 알고 보니 그 선생님은 재희뿐만 아니라 다른 아이들에게도 같은 말들을 하셔서 결국 엄마들에게 좋지 않은 소리를 듣거나 피아노를 그만두는 아이들도 생겼다.

재희는 피아노를 그만두지 않았지만 대신 나는 선생님을 찾아가 간곡히 부탁했다.

"말씀은 감사한데, 되도록 좋은 이야기를 우선해서 말씀해주셨으면 합니다."

아이들은 아직 성장하지 않았다. 가치관은 더욱더 자리를 잡은 상태가 아니어서 어른들의 말 한마디에 혹은 행동하나에 많은 의미와 영향을 받는다.

'줄탁동시'라는 말이 있다. 닭이 알을 낳아 병아리가 알을 깨고 나오는 것을 줄이라 하고 어미가 밖에서 알을 쪼아 돕는 것을 탁이라 한다. 알은 혼자 깨서 나오지 못하고 단단한 껍질을 몇 번씩 쪼아야 한다. 힘들고 어렵지만 스스로 노력을 하되 밖에서 어미가 도와주지 않으면 세상의 빛을 볼 수 없다.

아이는 세상의 빛을 보기 위하여 노력한다. 그런 과정 속에서 질문을 하고 고민을 하고 엄마에게 기대어 묻는다. 그럴 때 엄마는 아이가 더 크게 성장하도록 바른 가치관, 바른 생각을 하도록 아이를 도와주어야 한다.

오늘 하루 나는 아이에게 어떤 가치관을 심어주었을까. 아이는 나의 말 한마디, 나의 생각을 어떻게 바라보며 자신의 생각을 정리했을까.

아이가 자신의 생각을 말하고 행동하는 모습은 곧 내가 아이에게 주었던 말과 행동이다. 그런 생각을 하니 오늘 하루 역시 많은 가르침을 줄 수 있는 소중한 시간임을 새삼 깨닫는다.

자연을 사랑하는
아이로 키워라

미국의 자연주의자이며 '모래 군의 열두 달'의 저자 알도 레오폴드는 '숲은 하나의 커다란 실험실'이라며 숲의 긍정성과 필요성을 강조했다. 숲에서 사는 모든 동식물들은 나름의 역할을 하며 서로 도와가며 삶의 진리를 보여주고 아이들이 숲에서 생활하며 느끼는 감정은 자연의 이치를 깨닫게 해준다고 했다.

어른인 우리도 꽉 막힌 도시를 벗어나 시원한 숲이나 들을 연상하며 자연을 찾는 것을 보면 숲은 하나의 실험실인 동시에 살면서 꼭 필요한 안식처란 생각이 든다. 어떻게 해서든 휴일이면 자연을 찾고 땅을 밟고 싶은 마음은 예나 지금이나 변화가 없다.

어릴 적 매년 다녔던 소풍을 생각하면 나는 지금도 기분이 좋다. 소풍 전날 머리맡에 두었던 과자를 담은 소풍가방을 흘깃해가며 잠을 설친 날들. 자연이 내게 준 어릴 적 큰 선물이었던 셈이다. 하지만 지금 우리 아이들에게 학교 소풍은 기대하기 힘들다. 사회적으로 많은 문제가 있어서도 그렇지만 아이들이 귀한 세상이고 보니 함부로 밖으로 아이를 돌릴 수 없는 실정인 것이다.

그러나 어른들이 그렇듯 자연을 싫어하는 아이들은 없다. 어떻게 해서든 밖에서 놀고 싶은 아이들의 마음을 어른들이 학원이다 숙제다 막는 일은 있어도 모래바닥에서 혹은 동물들과 친구들과 밖에서 뛰어노는 일을 싫어하는 아이는 없다.

만약 아이가 집에서만 놀기를 좋아한다면 어른들이 만든 환경에 문제가 없는지 생각해 봐야 할 일이다. 집에서 책만 읽거나 컴퓨터만 즐기는 아이라면 밖의 환경보다는 그 환경이 이미 익숙해진 뒤여서 변화가 어려운 것이다.

'브레인 룰스'라는 책의 저자 존 메디나 박사는 우리의 뇌는 동시에 두 가지 일을 하지 못한다고 강조한다. 말 그대로 멀티태스킹이 불가능한 것이 우리의 뇌인데 집에서 책을 보며 음악을 듣는다거나 TV를 보며 숙제를 하는 아이들의 환경을 볼 때 뇌는 한 번에 한 가지 일밖에 집중할 수 없다는 사실에 입각하면 아쉽고도 안타까운 환경들이 너무나도 자주 연출된다.

그런 아이들이 곧바로 자연으로 나가기는 쉽지 않을 것이다. 하지만 뇌의 역할대로 한 번에 한 가지씩을 수행하되 틈틈이 자연과 접하다 보면 어느새 집에 있는 시간보다 자연에서 노는 일이 익숙해지는 아이들로 변화될 수 있다.

신랑은 활동을 좋아하는 사람은 아니었다. 연애시절 산에 한번 같이 올라가자고 했을 때 선뜻 나서준 것이 신기했지만 사실 본인은 그다지 움직이는 활동에는 익숙한 사람이 아니라고 했다. 결혼을 하고 나니 그 부분이 실감이 나는 터였다.

재희가 걷기 시작하고 들로 산으로 나갔던 나와는 달리 신랑은 주말이면 집에서 쉬기를 원했다. 주 중 평일을 늦게까지 일하고 온 사람에게 주말마저 가족에게 희생하는 일이 될까 봐 신랑이 있는 주말은 같이 있고 평일에 나는 마음 맞는 엄마, 차를 가지고 있는 엄마들과 의견을 맞추어 나무와 물과 있는 곳이라면 어디든지 달려 나가고는 했다.

그때 그렇게라도 나가서 나무를 보지 않았다면 물속에 들어가 아이와 내가 하나가 되지 않았다면 힘들다던 육아를 그렇게 신이 나게 할 수 있었을까 싶기도 하다. 결국 자연과 하나가 되는 것은 아이뿐만이 아니라 내게도 귀한 약이 되었으니 말이다.

세빈이가 태어나고 나서는 아예 캠핑생활을 생각해 두었다. 얼른 세빈이가 젖을 떼기를 아니, 걷기만 한다면 어디든 나갈 태세에 캠핑생활에 대해 아는 엄마들에게 이것저것 물어 하나씩 캠핑 장비에 대해 관심을 가지기 시작했다.

문제는 신랑을 설득하는 일이었는데 짧다면 짧게 길다면 길게 시간을 두고 신랑과 많은 이야기를 했다. 어찌 보면 세빈이가 걷기 전 마음의 준비를 하고 있던 게 큰 도움이 되었다. 처음엔 신랑에게 텐트를 대

여하자고 제안해서 아는 엄마들이 가는 캠핑에 숟가락 하나 얹고 따라다녔다. 정말이지 지금 생각해도 무슨 배짱이었는지 모르겠다.

하지만 캠핑을 다녀와서 신랑은 180도 달라져 있었다. 텐트를 직접 구입하고 침낭을 고르던 신랑이 눈이 들어왔기 때문이다. 어느새 신랑은 캠핑생활에 젖어 가족을 위해서 또한 본인을 위해서 자연인이 되어 갔다.

아이들과 겨울에 몇 번의 캠핑을 제외하면 봄·여름·가을은 한 달에 두 번 이상씩 자연으로 나간다. 나 역시 그런 시간들이 소중하고 즐겁기는 이루 말할 수 없다. 비록 아이들의 입성이 더러워지고 얼굴이 까맣게 타고 와서 살갗이 벗겨지는 일이 있더라도 우리 가족 누구 하나 다음에 안 가고 싶다고 말하는 사람은 없다.

자연은 말 그대로 아이를 키우는 지성과 감성에 딱 들어맞는 무대이다. 처음 아이에게 말을 가르치며 사물을 보여준 곳도 집안보다는 바깥 풍경이었다. 아침에 눈을 뜨면 창문으로 보이는 나무에게 인사를 건네고 바깥으로 나가 눈도 제대로 못 뜨는 아이에게 나무와 인사를 시켰다. 아이와 자전거를 타고 다니며 글자를 가르치고 시를 짓게 하던 곳도 동네 풀숲과 놀이터 모래 바닥이었다.

아이들은 엄마가 만들어준 환경을 따라가지만 자연만큼 바람직하고 자연스러운 환경은 없다. 아무리 조기교육을 반대하고 일찍부터 글을 떼는 것을 원하지 않던 엄마도 풀과 나무 그리고 물속에서 뛰어노는 것에는 관대해진다.

그만큼 자연은 아이에게 그리고 우리 모두에게 삶을 풍요롭게 하고 마음을 편하게 하는 장소이다. 지금은 아이가 어려서 느낌만으로 '좋다.'라는 감정을 표현하겠지만 자연에서 놀았던 감성은 아이가 커가면서 커다란 지팡이가 되어 줄 것이다.

사람도 놀아본 사람이 잘 논다고 한다. 잘 노는 것은 무엇일까? 지금의 어른들을 보면 노는 문화가 적은 것이 안타깝다는 생각이 들지만 한편으로는 제대로 놀 환경을 만들지 못하는 것도 문제가 있다고 본다. 잘 노는 어른들을 보고 자라야 아이들도 잘 논다. 어른들이 즐겁고 유쾌하게 생활하면 아이들 역시 부모의 모습을 보고 바른 문화를 만들어간다.

학교에 들어간 아이가 소풍이 없어져서 속상할까 봐 잠시 걱정을 했다. 하지만 그것은 이미 소풍을 맛본 나만의 안타까움이지 아이들의 학교 프로그램에는 소풍 대신 단 몇 시간이지만 숲 체험도 있고 자연 학습체험도 있다. 단지 소풍이란 이름 속에 숨어진 나의 어린 시절을 아이에게만 찾다 보니 안타까운 마음이 든 것이다.

아이는 소풍이란 이름은 없지만 나름 자연과 함께 하고 있다. 학교에서나 집에서나 어른들이 만들어준 따뜻한 자연 속에서 보호받고 즐겁게 뛰어 놀 수 있다.

어른들이 할 일이 이런 것이 아니겠는가. 아이들이 마음껏 뛰어놀 수 있는 환경을 만들어 주는 일들 말이다.

자연에서 노는 아이들이 아플 수는 없다. 우선 신체적으로 튼튼하게 발달할 수밖에 없고 그 속에서 아이들은 정서적으로 안정을 찾으며 나름대로의 스트레스도 해소할 수 있다. 자연에서 노는 일들이 익숙해지면 자연을 사랑하는 일은 자연스럽게 따라올 일이다.

자연을 사랑하는 아이로 어떻게 키우느냐고, 방법이 무엇이냐고 묻는 엄마들이 있다. 방법이 따로 있는 것은 아니다. 아이들을 자연에서 뛰어 놀게 하고 싶지만 한 편으로는 무언가 놓치는 일이 있을세라 걱정하는 마음이 자연을 사랑하는 아이들을 방해할 뿐이다.

어느덧 결혼한 지 9년차를 맞는다. 결혼과 함께 아이를 낳고 기르며 육아를 하는 세월에 10년이라는 시간을 보냈다. 나야 아이를 둘 낳고 끝났지만 아이들이 셋 이상 되는 집의 엄마는 훨씬 더 많은 시간을 육아에 보낸다.

얼마 전까지만 해도 나는 셋째 아이를 원했다. 그러나 너무도 간절하게 계획을 세우고 있는 내게 주변에서는 그 누구 하나 응원해주는 사람이 없었다. 아들 딸 하나씩 둘이면 되었지 욕심도 많다며 핀잔은 들었어도 하나 더 낳아 마음껏 키워보라는 사람 하나 없었던 것이다. 중요한 것은 남편이 더 이상 힘들다며 백기를 들었다.

남편이 백기를 들었는데 무슨 수로 셋째를 낳는단 말인가. 나 역시 이제 마음을 내려놓은 상태이다. 그만큼 아이를 낳고 기르는 일은 힘들고 험난한 길이다. 아무리 아이를 예쁘게 잘 기를 수 있다 해도 이 세상에 아이를 키우는 일을 만만하게 보는 사람은 없다는 뜻이다.

아이를 처음 낳았을 때의 고통은 온데간데없고 그저 예쁘게만 자라는 아이를 보니 하나만 더 있으면 하는 마음이 생긴 것이다. 하지만 그 역시 나를 위한 육아인지 아이를 육아인지 생각하기도 전에 그저 나만 생각하는 욕심에 지나지 않는다는 생각도 든다.

결혼을 결심하고 아이를 임신한 것은 내가 선택한 내 인생이라는 생각에는 지금도 변함이 없다. 하지만 아이를 낳고 보니 아이를 낳은 것은 좋지만 아이를 내 인생의 주인공으로 만드는 일은 상당히 위험하다는 사실을 알았다.

아이를 계획하고 임신하는 일은 내 의도대로 잘 진행되어 왔지만 아이는 나의 소유물도 나의 뜻을 마냥 따라와 주는 또 다른 내가 아니다. 처음부터 끝까지 내 의도대로만 커주는 나만의 아이라면 나의 말을 잘 들을 것이고 착한 아이로 자랄 것이며 이다음에 훌륭하게 키워준 대가로 나에게 잘해주어야 한다. 이 생각이 꼬리에 꼬리를 물자 소름이 돋는다.

내가 아이를 키우며 무언가를 바라고 키워왔다면 나는 지금도 이 글을 쓸 수가 없을 것이다. 온통 머릿속에는 아이생각들로 다음 계획을 세우고 치밀한 스케줄을 만들고 있었을 테니 말이다. 하지만 지금은 어느 정도 아이와 거리를 두고 있음에 감사함을 느낀다.

매시간 매초 아이의 일거수일투족을 감시하며 따라다녔던 시간들도 물론 있었다. 그 시간이 없다면 아이들에게 대한 애착도 가벼웠을 테지만 무엇보다 아이들을 키우는 엄마로 자랑스러운 추억이나 모습이 없어 안타까웠을 것이다.

하지만 그 애착이나 관심이 지나치면 육아는 엄마가 주인공이 된다. 주인공이 되어버린 엄마는 착각에 빠지고는 한다.

첫 번째로 주인공이 된 엄마는 아이의 뜻에 상관없이 아이를 마음대로 조정한다. 이미 머릿속에 짜놓은 그림대로 아이를 끼워놓고 생각대로 되면 기쁘다가 뜻대로 되지 않으면 아이를 윽박지르고 화를 낸다. 말 그대로 아이는 꼭두각시가 되는 것이다. 아이를 객관적으로 바라보는 능력이 떨어지고 이성적으로 아이를 대하는 일이 별로 없다.

두 번째로 육아의 주인공인 엄마는 완벽주의다. 아이가 무엇을 해도 만족하지 못하는 엄마는 엄마나 아이 모두가 불행하다. 세상에 완벽한 사람이 없듯이 완벽한 엄마도 완벽한 아이도 있을 수가 없다. 완벽을 추구하려는 병이 있을 뿐이다.

한 소년이 한 할아버지를 만나 성공이 무엇이냐고 물었다. 할아버지는 좋은 판단이라고 대답했다. 소년이 다시 좋은 판단은 어디서 나오느냐고 묻자 할아버지는 경험에서 나온다고 이야기를 해주었다. 또다시 소년은 경험은 어디서 나오느냐고 마지막으로 묻자 할아버지는 나쁜 판단에서 나온다고 답해주었다.

위닝 경영 연구소 대표인 전옥표 님의 '빅픽쳐를 그려라'에 나오는 내용이다.

아무리 아이를 조정하고 완벽주의를 추구해도 엄마가 재빨리 방향만 바로잡으면 나쁜 판단을 경험 삼아 좋은 판단을 내려 아이를 성공적으로 키울 수가 있다. 육아의 주인공을 엄마가 아닌 아이로 새롭게 무대에 올리면 되는 것이다.

아이의 인생은 아이의 무대이다. 엄마가 올라가서 아이를 조연으로 만들고 엄마가 주연으로 등장하면 아이의 인생은 무너진다. 엄마를 바라보는 조연의 아이는 무대에서 어떤 심정일까? 아마도 우리가 걱정하며 염려했던 모든 연기를 아이는 펼치고 있지는 않을까?

아이를 사랑하고 믿는 엄마는 아이에게 집착하지 않는다. 아이 스스로 커나갈 수 있도록 한 발자국 떨어져서 아이를 바라보면 신기하게도 아이는 더 다가옴을 느낀다. 사람이란 원래 밀어내면 다가오고 싶어 하고 집착하면 떨어지고 싶어 하는 존재이니 그럴 수도 있겠지만 아이에게 들키지 않고 평생 함께 무대에 서는 방법은 이것밖에 없다.

아이를 주연으로 세운 엄마는 자신의 인생에서 나름대로의 행복을 찾는다. 아이에게 주인공이고 싶어 하는 엄마와 달리 자신의 멋진 꿈을 향해 나아가는 엄마를 바라보며 자란 아이는 부모를 존경하고 자신의 무대를 즐길 것이다.

자신의 꿈을 향해 사는 엄마는 마음이 넓다. 자신만의 무대에서 여유로움을 펼치고 아이에게 행복한 삶을 본보기로 보여준다. 그 넓은 마음에 아이들이 들어와 마음껏 쉬고 필요한 자양분을 얻어 아이들은 또 다른 꿈을 펼치며 당당한 주인공이 되는 것이다.

처음부터 육아의 주인공으로 살았다면 이제는 아이에게 그 역을 내어주자. 우리는 어쩌면 그 역할을 알고 있었는지 모르겠다. 알고 있었지만 본능이, 엄마의 모성이 넘치다 보니 아이의 역할을 대신해주고 맡아주고 슈퍼맘처럼 날아다녔을 것이다.

그 누군가 알아주는 일이 없더라도 엄마라는 이름으로 나의 아이들을 지키겠다는 신념 하나로 나의 아이들을 누구보다 멋지고 훌륭하게 키워 내리라는 자신감에 부풀어 오르는 마음을 가라앉히지 못했을 것이다.

그 마음이 넘쳐 육아라는 무대에서 본의 아니게 혹은 의도적으로 주인공으로 살아왔다면 이제는 아이가 주인공임을 깨달아야 한다. 일찍 깨우쳐서 아이의 무대를 반짝반짝 빛나도록 도와주는 일에만 그치면 더할 나위 없지만 아이가 모든 것을 알기 전에 엄마가 주인공이었다는 사실을 눈치 채기 전에 내려가야 한다. 그렇지 않으면 어느 날 아이는 눈을 동그랗게 뜨고 말할지도 모른다.

"이제 그만 내 무대에서 내려가세요. 엄마!"라고 말이다.

생각해 보니 그 모든 일들이 아이가 주인공이었다. 태어나서 먹고 입히는 일이 나의 역할이었지만 그 모든 혜택을 받는 것은 아이가 아니었던가. 이유식을 먹이고 기저귀를 갈고 아토피를 치료해주고 건강하기만을 바랐던 시절은 결코 나를 위해서가 아니었다.

아이에게 한글을 가르치고 숫자를 가르치며 먼 훗날 세상을 향해 나아갈 때 이 모든 것들을 알차게 써서 값진 사람이 되라고 가르친 것은 순수하게 아이를 위한 행동이었다.

아이는 알아주지 않아도 내가 아이를 키우며 보람을 느끼고 같이 성장해가던 시절을 누구보다 행복하게 여기고 있는 엄마에게 어느 날 아이가 내려가 달라고 한다면 마음이 너무 아플 것이다.

아이를 영재로 키울 목적이 있었던 것이 아니고 다른 아이들보다 더 뛰어나라고 가르친 적은 없다. 하루하루 값진 아이의 인생에 최선을 다하자는 생각과 그런 행동들이 여기까지 오게 된 것이다. 그런 마음들이 쌓여 나를 성장하게 해준 아이들에게 고마울 뿐이다.

나의 아이들은 학교와 유치원이라는 무대를 새로 얻었다. 지금껏 엄마가 인위적으로 만들어준 무대가 아닌 사회에서 혹은 자신이 새롭게 만든 무대에 이제 막 올라갔다.

가끔 무대 뒤에서 아이들의 뒷모습을 보며 지난날의 가슴 찡한 추억들이 생각날 때는 조용히 나의 무대로 발길을 옮기지만 여전히 아이들의 무대는 불안하고 긴장감의 연속이다.

하지만 불안하고 긴장이 된다 하여 내가 다시 무대로 진출하는 일은 없을 것이다. 지금껏 육아라는 무대에서 뒤에 서 있는 연습과 조연으로 살았던 연습을 많이 해왔기 때문이다. 남은 것은 아이 스스로 일어나고 해결하고 자신을 찾는 일이다.

육아의 주인공은 다름 아닌 아이들이라는 사실을 알기에 가능했던 시간들이었다. 엄마가 아닌 아이가 주인공이 되어야 지성으로 감성으로 탄탄한 아이로 자라게 된다. 진정 영재라는 것은 똑똑한 아이만을 말하는 것이 아니다. 세상을 따뜻하게 바라보고 자신을 사랑하는 마음을 가진 아이가 우리가 원하는 바른 영재이다.

가슴속에 아이들을 품고 있다가 아이가 원하는 날 새로운 무대에서 새로운 날개를 달아주는 날을 상상해본다. 그날을 위해 모든 엄마들은 하루하루 최선을 다하리라 믿는다. 그리고 그런 엄마들에게 나는 이야기하고 싶다.

우리는 모두 괜찮은 엄마이자 멋진 엄마이다.

하루 10분 준비된 엄마 우리 아이 똑똑하게 만든다
엄마 습관 아이 미래가 결정된다

하루 10분 준비된 엄마 우리 아이 똑똑하게 만든다

엄마 습관 아이 미래가 결정된다

초판 1쇄 인쇄 2015년 9월 17일
초판 1쇄 발행 2015년 9월 22일

지은이 김민아
펴낸이 김의수
펴낸곳 레몬북스
등 록 제396-2011-000158호

주 소 (10881) 경기도 파주시 문발로 115 세종출판타운 404호
전 화 070-8886-8767
팩 스 031-955-1580
이메일 kus7777@hanmail.net

© 레몬북스
ISBN 979-11-85257-21-1(03370)

이 도서의 국립중앙도서관 출판예정도서목록(CIP)은 서지정보유통지원시스템 홈페이지
(http://seoji.nl.go.kr)와 국가자료공동목록시스템(http://www.nl.go.kr/kolisnet)에서 이
용하실 수 있습니다.(CIP제어번호 : CIP2015024057)